猶太人不藏私的智慧

猶太人
不藏私的智慧

褚兢 著

INTRODUCTION 導・言

人世間的信仰五花八門，不過我們最熟悉的也是最普及的，就是這三大宗教，即基督教、伊斯蘭教和佛教。這三大宗教所擁有的徒眾以億萬計。應當說，這三大宗教都是人類文明的成果，都對人類社會的發展起到了不可忽略的重大影響。但倘要追根溯源，三大宗教中的——基督教，其緣起就與猶太人最早信奉的猶太教有關，基督教可說是脫胎於猶太教。基督教的《聖經》共分兩個部分：《舊約》和《新約》。《舊約》其實就是猶太人早期歷史的一種原始紀錄。而《新約》是在《舊約》的基礎上增寫補錄和新創的著作，著重紀錄了耶穌及其使徒們的事蹟行狀。

然而，基督教的創始人耶穌就是一位猶太人，他出身於木匠家庭，少小時過著貧窮的生活。在他成長的時代，猶太人的國家以色列正處在羅馬帝國的佔領和統治之下，受盡蹂躪的猶太民族過著悲慘的生活。正是在這樣的情況下，從小就對猶太教義有著濃厚興趣，並十分認真學習其經典的耶穌，借著給貧困的猶太民眾治病，幫他們排憂解難的機會，宣講一種屬於窮人的教義，這種教義不再只是猶太上層貴族和祭司們的專利，而對廣大窮苦百姓有著濃厚的吸引力，基督教就這樣產生了。它開始在受苦受難的猶太百姓當中傳播，羅馬王廷屢經鎮壓不果之後，不得不向其妥協，正式將它吸收為羅馬的國教，基督教最終大興於世。

除了宗教方面，猶太人無論在科學、哲學還是在文化和藝術等方面，都對人類文明做出了十分重要的貢獻。在西元前後的「希臘化時代」，也就是基督教誕生的時代，就有猶太思想家斐洛吸收古希臘的哲學觀念，並企圖將其與猶太教的神學觀念相互融滙和調和。他認為柏拉圖的「理念」和猶太教的天使應當是同一個東西，還提出邏各斯（即邏輯）即神的理性。在穆斯林時代，猶太學者本・邁蒙尼德又借鑒古希臘亞里斯多德的思想，來重新闡釋猶太教義與猶太律法。

17世紀著名的唯物主義哲學家斯賓諾莎撰寫了大量的哲學著作，被馬克思主義經典作家讚譽為「堅持從世界本身說明世界」。尤其在近代、現代的歷史上，猶太民族湧現了大量的哲學家、思想家，對西方哲學乃至整個人類社會進步產生了巨大的推動作用。我們隨便列舉就有：古典政治經濟學家大衛·李嘉圖、創建了龐大而完備的科學社會主義學說的卡爾·馬克思、早期世界共產主義運動知名理論家伯恩斯坦、影響了整個現代西方哲學的非理性主義哲學家柏格森、首創哲學現象學流派的胡塞爾、精神分析學的創始人佛洛伊德、邏輯實證主義創始人之一維特根斯坦、法蘭克福思潮代言人瑪律庫塞、符號學大師凱西爾、社會學和政治學泰斗馬克斯·韋伯……

而著名的猶太科學家有盡人皆知的愛因斯坦，他創立了相對論的理論，引導了整個20世紀的世界科學發展。其餘還有量子力學開創者波爾、波恩；原理物理學開拓者費米；創立了電守恆定律的李普曼；反質子的發現者之一西格晉；提出人類四血型理論的蘭茨泰納；控制論提出者維納……

在其它領域，還有詩人海涅、音樂家孟德爾松、西方現代繪畫藝術的鼻祖畢卡索、小說家卡夫卡、表演大師卓別林、著名電影導演史蒂芬·史匹伯、外交家季辛吉、政治家盧森堡、教皇亞歷山大三世、現代新聞事業的開拓者路透、普立茲新聞獎的創建人普立茲以及獲諾貝爾經濟學獎的K.J.阿羅、P.A.薩繆爾森和西蒙等等。

我們僅舉出一個現代的資料，就可以證明猶太人對我們的世界，我們人類的文明所做的貢獻有多麼大。據有關資料統計，自從世界上最著名的科學和文學獎項諾貝爾獎創立以來，其獲獎者當中，猶太人竟占到了30%之巨，而要知道，猶太民族的總人口不過一千四百萬，占世界人口數僅僅0.2%而已——這樣一個數字，不能不讓人感喟、讚歎不已！

猶太人的傑出之處，當然不僅僅限於上述領域，應當說，猶太民族作為一個整體，它們最引人注目的特長是經商。猶太人有「世界第一商人」的美譽，經商文化、商業文明伴隨著猶太民族的成長和發展，直至浸透這個民族的骨髓。在經商方面，猶太人有的是智慧，猶太人的經典《塔木德》對於商業文明有著十分具體的同時也是最早的諸多規定，現今流行的許多商業法則也多出自猶太人的經驗和創造。英語中有一些與經商或財富有關的詞彙，就是從猶太人的詞彙中轉變而來，比如英文中的「珠寶」（Jewelly）便是「猶太人」(Jew)一詞的音轉過來的……

從以上的敘述中可以看出，猶太人是一個相當優秀的民族，猶太人一般都謙恭有禮，大多數猶太人崇尚簡樸節儉的生活法則。但是，由於數千年的流散生活，沒有自己的國家的影響，猶太人反而更具備了積極謹慎的人生態度。他們全身心地投入到經濟活動中去，在任何一個經濟領域裡開基創業，嶄露頭角，他們對於財富的觀點，比起世界各國的商人的看法無疑要更積極、更健康得多，正因為如此，他們所創造的商業文明和經商理念，十分值得我們好好地學習。如果你讀透了他們致富的理由，當然也會吸收到不少養分，而得到無限的啟示。現在，如果你的思維已經開始像猶太人那樣思考；那麼，你就會走上猶太人的成功之路了！

CONTENTS

第3章 動作迅疾，把握良機——行動力

第4章 知微見著，工於心計——思考力

第5章 信守契約，履行合約——公信力

第6章 崇尚智慧，善動腦筋——創新力

第7章
瞄準目標，咬定青山——行銷力

第8章 四海一家，有難同當——聚合力

第1章

歷史恩賜，先祖基因

——傳承力

地。當他們的鐵蹄踏上猶太人的國土後，猶太人最後一次失去自己家園，遠走他鄉，直到一九四八年重新復國之前，再也沒有回來。羅馬帝國這次入侵以色列，給這個國家造成的傷痛異常慘烈，至今，以色列軍隊招募新兵，都要將新兵們帶到當年猶太人與羅馬人之間發生最後一場戰鬥的地點——馬薩達進行宣誓：「寧為自由死，不做奴隸生。」那次戰鬥，給猶太民族留下的烙印實在是太深了。

公元前70年，羅馬人占領了耶路撒冷，對猶太人大肆殺戮，倖存下來的猶太人紛紛躲進他們的最後一個堡壘馬薩達，進行垂死的抵抗。羅馬大軍一萬五千人將馬薩達鐵桶般包圍起來，而馬薩達城內最後剩下的猶太人連婦女孩子一起算上不過九百六十七人，好在馬薩達建得非常堅固，這裡地形險要，易守難攻；裡面又早已儲存了大量的糧食，足夠長期應戰。

羅馬人圍困馬薩達幾個月，竟然沒有辦法拿下這座小城。他們想盡辦法，均不成功，最後，便採用了一種雖然蠢笨但卻狠毒的招數，他們在馬薩達小城旁用土堆起一座與城同高、巨大無比的土堆，這座土堆一直連接到城牆旁，然後準備用火焚城。公元前73年4月15日晚，城內的猶太人知道馬薩達已經不保，決定集體自殺。他們用抽簽的方式選出10名勇士作為自殺的執行者，之後，10名勇士又推選一人來處死其他九人，再放火毀城，然後自盡。第二天清晨，做好一切準備的羅馬人吶喊著攻進城內，卻驚奇地發現城內沒有任何抵抗，但很快就明白，他們費盡心力攻下的，原來只剩一座空城。殉難前夕，猶太人領袖愛力阿沙爾對著所有即將死去的猶太人發表了震撼人心的講話：

> 天亮時我們將不再抵抗，感謝上帝讓我們能夠自由地選擇和所愛的人一起高貴地死去。讓我們的妻子沒有受到蹂躪而死，讓我們的孩子沒有做過奴隸而死吧！把所有的財物連同整個城堡一起燒毀。但是不要燒掉糧食，讓它告訴敵人：我們之死不是因為缺糧，而是自始至終，我們寧可為自由而死，不為奴隸而生！

馬薩達成為猶太人精神自由的象徵！

猶太教在羅馬帝國統治的時候，被逐步改造成基督教，但許多猶太人仍暗中信仰著猶太教。正因為此，十字軍東征時，猶太教徒遭到基督徒的屠殺，他們被指斥為「異教徒」。到公元13世紀的時候，猶太人開始大量遷徙到中歐和東歐各個國家，這個人口不多的民族，此時已分散居住在數十個國家之中。盡管人數少，但由於他們的民族精神和民族傳統所影響，這個民族並沒有被徹底壓垮，而是相磐石下面的草根，一有機會，便發芽生長，並繁衍蔓延。猶太人被禁止從事傳統的生產活動，不許務農，不許製造業，不許這個那個，他們唯一的選擇只剩下經商。靠著這唯一的路徑，他們卻掙扎著生存下來，又遭來其它民族的嫉妒。在許多國家，猶太人都被看作異類。他們被稱作「跳蚤」、「細菌」、「害蟲」、甚至「猶太病毒」……法國曾經六次對猶太人進行驅逐，其它國家大多也採取過近似的行動，而到了20世紀三、四十年代，德國希特勒法西斯更是採用了滅絕人寰的種族滅絕手段，一共屠殺了六百萬猶太人。法西斯建立的奧斯維辛集中營成為空前絕後的殺人魔窟，成為猶太人心中永世難忘的慘痛記憶。

二戰時期，納粹對猶太人犯下的罪行盡人皆知，但是，直接與間接導致猶太人遭受巨大苦難的其實還另有他人。據後來相繼披露的資料顯示，即使那些與德國法西斯作戰的同盟國家，對待猶太人的態度也頗有可追究之處。一九三八年，希特勒正式吞並奧地利，當夜，納粹就開始大肆掠奪在奧地利首都維也納居住的17萬猶太人的財富，價值高達數百億美元。納粹對猶太人的迫害激起世界上對猶太人抱有同情態度的人士的義憤，他們紛紛向各國政府施壓，要求為猶太人的安全提供可能的保護。但是，美國政府沒有放開對猶太人的移民政策，在美國總統羅斯福為應付壓力而提起召開的有關國際會議上，竟然有25個國家在會上宣讀了事先擬就的發言稿，大多以各種理由拒絕接受猶太難民，就連加拿大、澳大利亞和蘇聯這些地廣人稀的國家，竟然也拒絕為猶太人敞開自己的大門。

這當中還發生了一個慘痛的例子：一九三九年5月間，運載有九百多名猶太難民的一艘郵輪「聖路易斯」號從德國漢堡出發，前往南美國家古巴，可是卻被拒絕入境，不得已又轉往美國的邁阿密，同樣遭到拒絕。難民們在海上漂泊了幾十天，最後仍只有回到歐洲。這艘郵輪上的猶太人，最後絕大部分慘遭納粹殺害。有人說，「聖路易斯」號的命運說明，當時對猶太人的偏見其實是歐美國家存在的一種普遍現象。

猶太民族的這種歷史，在世界民族史上不說絕無僅有，也是極其罕見的。暴力、苦難、凌辱、欺虐、迫害、流浪……是這個民族詞典中最頻繁出現的字眼，猶太民族頑強、堅忍、執著、剛毅、機敏、靈活……的特性，也正是在這種情境下逐漸養成的。

恥辱和失敗是永遠的痛，也是永遠的激勵

在第二次世界大戰之後，每當希特勒法西斯在赫爾辛基大肆屠殺猶太人的紀念日，都會有大批猶太人以各種不同的方式舉行紀念活動，他們對那些死於無辜的猶太人進行悼念，對那慘痛的日子默默回憶，對今後的世界和平和民族安寧真誠祈禱。猶太人舉行這些活動的時候，決不存在例行公事的現象，他們所發出的心靈呼喚，讓所有其他民族的人都為之感動，以至德國人上至總理，下至一般群眾，也都對猶太人在納粹統治時期所遭受的迫害深表懺悔和同情。

當然，猶太人如此做並不是為了聲討別人，而是要讓自己和子孫後代記住那些不容忘懷的往事。過去，是對未來最好的提醒，那些苦難和恥辱，對於承受者而言，既是永遠的痛，同時也是永遠的激勵。猶太民族從數量上來說，一直都是一個相對弱勢的民族，由於他們並不尚武，而是崇文，所以每當戰亂發生，他們總是「被侮辱與被欺凌」的一方。但是，他們深信，戰爭是人類的非常態現象，而和平才是人類能夠長期存在的根本。所以，他們始

終保持那種勵精圖治，努力奮發，頑強向上的精神，只要安寧的歲月到來，猶太人那一直被壓抑的、經過長時間蘊積的才華和意志，就會如火山噴發般顯現出來。但是，人類有一個致命的弱點，就是善於遺忘。有許多痛苦，有許多災難，有許多悲劇雖然發生，也給我們的生存造成巨大危害，可是，一旦時光流逝，風平浪靜，在有些人那裡，便一切都好像不曾發生，一切都像痊癒的傷口那樣，隨著疼痛不再，記憶也就慢慢消失。

人類的悲劇之所以會反覆重演，淚水和創傷之所以會反覆出現，就是因為，健忘症不時會在我們當中發生。但是，正因為長期處於弱勢狀態，猶太人卻深深地知道，健忘對於他們而言，將會是比異族的欺凌，比戰爭的傷害，比天災人禍的考驗更其嚴峻，也更加危險。為了時時刻刻警醒自己，為了永遠吸取前進的動力，於是他們總是要揭開自己那埋藏在歲月深處的傷疤來看一看。不僅是對二戰赫爾辛基集中營屠殺事件的追憶，猶太人從他們民族最早的記憶裡，就似乎有著這樣一種懷念苦難的情結。耶穌受難日，還有逾越節等等，凡是帶有苦難印記的日子，都被猶太人當作節日來對待。而他們紀念苦難的感情是真誠的，不像有些地方的人只不過做做樣子而已。他們把那些苦難做成民族的徽記，標示在自己的史頁上，好讓它時時提醒自己！

猶太人對人生的基本觀念

《塔木德》有一句話：痛苦，才是人生之路。

這句話，可謂凝聚了猶太民族的苦難歷史和經驗。

猶太人的頭腦裡面永遠充滿了痛苦的觀念和深深的憂患，他們終其一生都抱有這樣一種揮之不去的憂慮和警誡，他們的靈魂裡浸透了這種意識，他們始終都是從這樣的角度去理解生活、看待問題的。

猶太箴言這樣說：「孩子出生時我們感到高興，有人去世時我們感到悲傷。其實應該反過來才對。因為孩子出生時不知今後命運如何，而人死的時候，一切業已蓋棺論定。」

人生從苦難和黑暗開始，最後才能達到幸福和光明。

基督教的「原罪」說就是這樣解釋人生的。但是，人生下來以後，要擺脫苦難和黑暗，並不能單單靠上帝的恩賜，而要靠自己的努力。因此，猶太人幾乎個個都異常地努力和奮發，他們在生活的道路上忍辱負重，含辛茹苦，為的就是要抵達光明的人生彼岸。

「人在這個世界上就是為了人生的某個目的而痛苦、努力地生活，直到人死了，人生的任務算完成了，痛苦的努力才告結束。」

堅忍不拔的猶太人精神

有人說，猶太人頑強而堅韌的精神以及勇於挑戰風險，永不氣餒的進取意識是他們成功的一個重要精神來源。別的民族也具有類似的特點，但唯獨猶太人這方面的表現特別地強烈，因此，在這個充滿競爭、充滿風險的世界上，唯有他們這個民族能夠獨占鰲頭，卓爾不群。

猶太人的這種精神從他們的文化遺傳上最充分地體現出來，《聖經》中有關耶穌的故事就是猶太人精神的最典範代表。猶太人從欣賞藝術的過程中也會將這種偉大的精神表現出來。在一家博物館裡，掛著一幅內容很特別的畫，畫面上是一個人在和魔鬼下棋。有人闡釋說，這個人就是我們人類的代表，而魔鬼則象徵著異己的力量，象徵著罪惡、墮落。為了獲勝，雙方均使出渾身解數，欲做最後一博。畫面上出現的局勢是：魔鬼將了人類一軍，這一招又狠又辣，直指要害，人類眼看支撐不住，就要落敗了。有一位特殊的人前來參觀這幅畫，他站在畫前，久久不肯離去。忽然，他激動起來，嘴裡喊出：「還有一招，還有一招！」

後來，博物館的人員知道了，這位特殊的參觀者原來是位猶太人。

是啊，在猶太人眼裡，魔鬼經常使人瀕於絕境，瀕於毀滅，可是，人類卻不甘束手就擒，他必須要反抗，要抵禦，要奮發而起，粉碎魔鬼的伎倆。生命的天平，常在希望與絕望之間搖擺，但是對於一個性格堅韌的民族來說，只要堅持下去，只要不肯放棄，總會想出最後那力挽乾坤的一招。

猶太人的歷史，恰恰證明了這一點。

猶太人對於自己有一個特殊的稱呼，就是「上帝的選民」。這個稱呼是怎麼來的呢？原來，它來自於猶太人的經典《聖經》。《聖經》裡說，上帝與猶太人的三位始祖和摩西立下約定，賜給他們「流著奶和蜜的土地」，並教給他們「十誡」等六一三條法律。

這說明，上帝對於猶太人有著特殊的關愛，特地選中了他們作為自己恩賜的對象。當然，作為上帝的選民，也必須盡自己的義務，這些義務就是，對上帝應當絕對忠誠，不可做任何背叛上帝諭旨的事情。上帝的選民不是一種特權，而是一種責任和義務，猶太人要將上帝的旨意帶到這世界上，將上帝對於人類的要求宣喻給人類。正是這種觀念，給了猶太人在任何逆境中都能保持生存下去的勇氣，使得他們一直不放棄堅忍不拔的努力。

過逾越節的方式和意義

逾越節是猶太人最重要的節日之一。這個節日的來由是，猶太人被埃及人統治之後，淪為奴隸。他們受盡了埃及人的欺壓和鞭打，可是又求告無門。上帝耶和華瞭解了猶太人的痛苦，他要出面拯救他們。在上帝耶和華的幫助下，猶太人果然離開埃及，回到上帝所指引的新的家園。因此，他們把這次獲得拯救的日子命名為「逾越節」來加以紀念。據《舊約‧出埃及記》記載，上帝認為埃及人對於猶太人的行為充滿不公和背信棄義，他對猶太人在埃及人統治下的遭遇表示同情，決心幫助他們脫離埃及人的奴役。於是，上帝與猶太人的先知摩西約定，在尼撒月的14日，要摩西帶領猶太人悄悄離開埃及。但是，那些犯下罪惡的埃及人不能就這樣便宜他們，上帝要用自己的手對他們進行一次嚴厲的懲罰，懲罰的方式是，殺死埃及家庭中所有頭胎出生的人和他們的牲口。但是，當時埃及人和猶太人有不少是居住在一起的。為了不錯殺猶太人，耶和華命令猶太人在尼撒月的13日晚上，家家要吃烤羊肉，然後把羊血塗抹在自家的門楣和門框上面。在14日的拂曉，耶和華如風一般走遍整個埃及，將所有門上沒塗羊血的家庭中的頭胎出生的人和牲畜統統殺死，惟獨對門上塗了羊血的家庭「逾越」過去。

面對上帝的威怒，埃及法老自知罪孽深重，只好同意摩西帶著他的民族離開埃及，不再受埃及人的奴役。

在逃出埃及的時候，由於出發匆忙，以色列人沒有時間準備路上所需的麵包和食物，只是背了未發酵更未來得及烘烤的麵團在身上。在天上火辣辣的太陽的照射下，麵團被烤得有些發酵，吃起來比完全生的麵粉要好了許多。猶太人記住了他們逃難的日子，也記住了逃難時用來維持生命的麵團。因此，以後，每當過逾越節的時候，猶太人都不允許吃麵包，而只允許吃一種未經發酵的，用麵粉作成的薄餅——猶太人把它叫做「馬扎」。當然，可以與「馬扎」一起享用的還有烤熟的羔羊頭、腿和內臟，另外還有就是野菜，因為這些都是他們在那個充滿驚恐和新的希望的日子裡享用過的東西。

在過逾越節的時候，猶太人的程序很多，這不僅是儀式的需要，更是加深整個民族記憶的需要。每當尼撒月14日的晚上，從全國各地步行到耶路撒冷來朝聖的猶太人會聚集到一起慶祝這個節日，從15日起，逾越節（嚴格來說，從這天開始，逾越節便應稱做「除酵節」。但由於兩個節日的性質實際上相同，時間又是這麼接近，所以以後便統一稱做逾越節了）以家宴的形式開始。在形式莊重的家宴上，家裡的家長要身穿象徵智者的白袍，他舉起手裡的酒杯為全家祝福。那酒杯也不是普通的酒杯，而是上面刻滿了猶太人的傳統歷史圖案的酒杯。在家宴的時候，大家要反覆洗手，朗讀誦詞，大聲唱歌，並表示對上帝的感恩。

這期間，還有一個常規性的程序，就是每次逾越節，家裡最小的孩子都必須向家長提出這樣的問題：

「為什麼今晚與其它的夜晚不同？為什麼今天只能吃『馬扎』？為什麼吃生菜要蘸鹽水？為什麼要倚著椅背吃……」這時候，全家人就要複述《出埃及記》中有關耶和華幫助以色列人擺脫奴役，獲得自由的故事。

還有一個不能忽略的細節，在家宴上，還須吃煮熟的雞蛋，而且雞蛋煮的時間越久越好。因為猶太人認為，煮得越久蛋，就越顯得硬，也就越難破碎。對於飽經憂患的猶太民族而言，這是一個最好的象徵。

文藝復興時期著名的猶太籍哲學家斯賓諾莎，曾經回憶童年的時候在家裡過逾越節的情景，他說：

我們家宗教氣氛特別濃厚，每逢重大節日，父親總是要給全家人講述猶太人的苦難，這給我留下了難以磨滅的印象。我開始記事起的第一個節日是逾越節。

逾越節是紀念摩西帶領猶太人逃出埃及而設立的，通過吃特別的食品和向後代講述出逃的艱難歷程，教育後人認識生命的艱難。

逾越節家宴由四杯酒串聯起來。第一杯酒，由一家之長的父親舉杯致祝福詞，家宴開始。第二、三杯酒在家宴的中間喝，分別在講述「哈伽達」的前後喝。「哈伽達」是一本有關猶太人出埃及的故事集，它不僅講述了猶太人在埃及所受的苦難及出逃的艱難，還說明了所有食品的含義。第四杯酒，感謝上帝的保佑，宴會結束。

家宴還有三塊無酵餅，一大盤食品，包括五種食物：

烤羊腿，作為祭品，因為失去聖殿，在宴會上代祭；

烤雞蛋，猶太人早飯習慣吃雞蛋，烤的雞蛋很堅韌，難以咬碎，寓意猶太民族像烤雞蛋一樣，受的苦難越多，越堅韌；

由水果、香料和酒混合而成的哈羅塞斯，呈泥狀，象徵埃及人不給泥土而逼他們做磚而受的苦難；

苦菜，也是紀念猶太人在埃及受的苦；

鹽漬芹菜，猶太人通過紅海時，曾喝過紅海的充滿苦澀味的海水，意思是永遠記住猶太人出埃及受過的苦。

猶太人的辯證法

正因為經歷了太多的苦難，猶太人看問題形成了一套獨特的方式，就是凡事都能夠從不同角度去分析，去理解，至少，對同一件事情，他們會看到它不同的兩個方面。

有一天，一個人彎著腰在自家院子裡鋤草。雜草長得過於茂盛，他費了很大的勁也沒把草鋤乾淨。天氣十分熱，這人忙出一頭大汗，又累又渴。他心裡惱火，一邊忙著、一邊嘮叨：

「可惡的雜草！我的院子本來應該多麼漂亮，可是這些雜草卻把院子弄得亂糟糟的。上帝也真是，為什麼偏偏要造出這麼些雜草來破壞我院子的美麗呢！」

這個人竟然把氣撒到了上帝頭上，真是太沒有見識了。

一棵被他拔起的雜草躺在太陽底下，對這個人說：

「是啊，在你眼裡，我們的確可惡。可是，不知你想過沒有，上帝之所以把我們造出來，就說明我們並不是一無是處。先生，請聽我說一句：我們把自己的根伸進土壤的深處，其實是在幫助你耕耘土地。當你把我們連根拔起的時候，我們的根鬚把泥土給帶鬆了，等於是替你鬆了土。而且，在你沒有拔起我們時，我們站在院子裡，晴天幫你阻擋大風，以免吹起院子裡的沙塵，雨天則可以防止泥土被沖刷。如果沒有我們，這個院子將像沙漠一樣荒蕪，什麼東西也不可能生長，你又怎麼能夠享受養花和賞花的快樂呢？」

連雜草都能看見它有益的一面，還有什麼東西不能發現它的價值？

一個拉比看見有個人在急匆匆地往前趕路，便把他叫住，問道：

「你這樣急急忙忙的樣子，打算幹什麼呀？」

那人頭也不回地說：「我要趕上生活。」

「你怎麼知道生活在前面呢？你這樣埋著頭拼命往前趕，卻不知道自己的生活究竟在哪兒。你一心要趕上生活，可也許生活正在後面追趕你呢。要是你靜下心來，仔仔細細往四周看看，說不定生活就能與你會合。可是你這樣慌不擇路地往前趕，也許正是在逃離你的生活呀！」

那個趕路人的行為，就是「埋頭拉車，不抬頭看路。」

從沒用的東西上看出有用，從無價值上發現價值，這正是猶太人善於淘金的本領所在。他們從來不盲目行動，總是通過瞻前顧後，來尋找最近的路途，也體現出他們聰明的一面。

猶太人的辯證法和中國古代的辯證法並不相同。像老子和莊子的辯證法，固然也很善於通過事物的一個面看到它另外的一面，但最後的結果卻是，發現二者並沒有根本的區別，它們都統一於宇宙的「道」。而猶太人的辯證法卻是把事物另一面的價值發掘出來，以便更好地加以利用。有人把猶太人的智慧稱為「俗智慧」。

之所以稱為「俗智慧」是因為它不是用來進行純思辨的，而是用來生存的。學習老莊的辯證法，導致中國古代那許多隱士們面臨精神上高潔，但物質生活上卻十分貧困的窘境；而學習猶太人的辯證法，就容易在生活當中站住腳跟。而從生活的經驗來看，一個人不應當只具有高雅的智慧卻缺少「俗智慧」，只有二者兼具，才能夠笑對生活的每一天。

閃光的智慧帶來財富，
有了財富就有了智慧。
致富不能盲目行事，
要靠智慧加以適當的變通。

——猶太格言

在猶太人眼裡，財富和智慧幾乎就是二而一，一而二的東西，它們應當是辯證的統一。沒有財富的人，一定缺少智慧，至少是缺少一種「俗智慧」，而沒有智慧的人，當然也就會缺少錢。

猶太人愛錢的歷史原因

有這麼一個謎語，說什麼東西它無腳能行，無翼能飛，無輪能轉，無嘴能應？答案是：錢。

錢是個好東西，自從人類進入商品交換的時代以後，錢，它幾乎就能代表一切——當然，這僅僅指的是物質方面的一切。餓了，它能換來吃的，冷了，它能換來穿的，不管缺什麼，只要有了它，馬上可以解決，心裡想的，它都能滿足你的願望。貧窮的人有了它，不再會有衣食之憂，而貴族有了它，才能端起那不倒的架子。中國古代的哲人雖然總是教導人們千萬不要把錢看得太重，所謂金錢如草，仁義為寶，所謂不義而富且貴，於我如浮雲，但是，這並不能阻擋人們對錢的看重和喜好。人間常見的事實是；有錢能使鬼推磨、一分錢難倒英雄漢。但畢竟，自從貨幣誕生以來，它就成為了世間一切可以流通的商品的仲介，有人說，它是一切尺度的尺度。

對於錢的態度，在許多民族那裡是矛盾的，就像我們剛才舉的中國人的例子。這是因為，錢固然能帶來一切好處，它也能給人帶來災害。世間為錢而產生的矛盾、衝突、欺詐、殘殺、陷害不計其數，由它帶來的悲劇甚至毀滅也常常發生。大概正因為此，所以，這些民族便產生了一些帶勸戒性的格言，這些格言公開宣稱對錢的貶損和憎惡。即使他們當中多得是貪得無厭的人，也每每要借些堂皇的理由，來遮掩自己對錢的欲望和熱衷。

不過，猶太民族卻沒有類似的情況，它們公開地崇拜錢，甚至把錢放在一個「准神聖」的地位上。

> 錢不是罪惡，也不是詛咒，它在祝福人們。
> 金錢可能是不慈悲的主人，但絕對是能幹的奴僕。
> 讚美富有的人，並不是讚美人，而是讚美錢。
> 金錢給人間以光明，金錢給眾生以溫暖。金錢讓說壞話的人舌頭發硬，金錢讓舉起屠刀的人呆立發楞；金錢給神購買了禮物，敲開了神那緊閉的門……

以上所舉的，都是猶太人對錢公開讚美的語言。猶太民族就是這樣坦然地宣稱他們對金錢的愛好，他們對金錢的感情似乎是與生俱來。

古代猶太人（一度被稱為希伯來人）在很早以前就被趕出了家園。失去了土地的民族只好在世界各地流浪。但是，他們無論在哪裡，都遭受到歧視，連生存下去都很困難。他們寄居於別人的國土上，必然要受到更為沉重的剝削。所在國每每強迫他們交納更多的人頭稅和特別稅，他們幾乎是用錢才能買下在一個國家的居留權。另外，就業困難其實並非現代社會才有，以前落後的生產力和有限的土地資源，早就形成了如同現在類似的就業問題。所以，為了保護本民族和本國的利益，歐洲許多國家都規定猶太人不得從事農業、製造業等等一切傳統職業。既然任何職業都為法律所禁止，猶太人只好走唯一的一條路，就是經商或者放貸。這樣長期經商和放高利貸的經驗使得他們在商品流通的領域裡如魚得水，他們在這方面越來越精明，越來越會算計，腦子也越來越靈活。隨著生產力的不斷進步，商品流通越來越普遍，猶太人獲利自然也就越來越多。

猶太人酷愛錢的另一個重要原因就是，盡管他們能賺錢，但由於經常遭到迫害，一旦被驅逐，再多的家產也會頃刻之間蕩然無存，而只有錢可以隨身帶走。於是錢成了他們應付不時之需的極重要手段。賺錢，攢錢對於猶太人而言，不僅是生活的必須，也是安全的象徵。猶太人既然沒有家園，他們必須替自己找一個。如果說，宗教為猶太人建立了精神家園的話，那麼，錢則為猶太人建立了物質的家園。

猶太人精神對現代資本主義的貢獻

公開表達自己對金錢和財富的熱愛，猶太人的這個特點，在世界各民族史上也許是絕無僅有的，由此引起了其它民族對他們的憎惡。世界上絕大多數民族對錢都抱有一種莫名的恐懼，比如中國的孔子說：「君子喻於義，小人喻於利。」英國哲學家培根說：「對於財富我叫不出更好的稱呼來，只能把它叫做『德能的累贅』。」古希臘的《伊索寓言》和俄羅斯民族的《克雷洛夫寓言》裡面有很多對於愛好錢財的人的譏諷和嘲謔。這種情況的產生大約是認為，在人類中歷來發生的爭端、殺戮、欺騙、陰謀大都與金錢有關。

其實這種現象在猶太人那兒未必就未曾發生，但是，由於猶太人特殊的處境，金錢帶給他們的成就感和安全感，卻遠比給他們帶來的災難要大得多，所以，他們把金錢和財富看得比其它任何東西更重要。對於金錢的觀念以及賺錢的行為，猶太人早就形成了一整套較為規範的倫理標準。

首先，猶太人認為金錢本身是無害有利的，它能解決生存問題，提供安全保障，衡量一個人是否有能力，是否成功。由於猶太人根本沒有世襲的利益可以獲得或者傳遞給子孫，他們也無法獲得軍功或官職來判定自己的成就，所以，唯有金錢成為這個民族用來衡量一切的標準和尺度。在當今各個資本主義國家裡，這個觀念早已經被大家所接受，哪怕是仍在實行君主制的國家如英國、荷蘭等，大家更看重的已經不再是爵位之類的虛名，而是他所擁有的財富。

其次，在猶太人長期的經商活動中，他們形成了無比銳利的眼光，養成了無孔不入的鑽勁，把世間的一切都納入到商業的視野中來。在他們那裡，沒有禁忌，沒有羞答答的遮掩，沒有所謂的紳士風度，也沒有世俗的高低貴賤之分，只要可以掙到錢，一切都不在話下。

有人做過統計：現代世界裡，許多原先根本不能進入商業活動的領域，後來被納入商品經濟的範疇，基本上都是猶太人的功勞（後面我們會舉一個很典型的例子，就是奧運會歷來由主辦國出錢一改而為商業化運作）。猶太人大大拓展了商品交易的渠道和覆蓋面。

第三，猶太人賺錢始終有一個信守契約、遵循游戲規則的「正當性尺度」，他們不做非法生意，不搞強買強賣，不採取暴力手段，不弄虛作假，幹傷天害理的事情，這也是他們賺錢賺得理直氣壯的原因。

以上三點，實際上在現代商業社會中已被廣泛接受、普及和遵守，早年的猶太人形象基本就是現代資本家的「範本」，現代資本主義社會的普遍性倫理和發展動力基本上脫胎於猶太人的精神。

猶太人的法律思想

可以說，猶太人是世界上最重視法律的民族之一。形成這種特點的原因很多，大家普遍知道的就是，猶太人自命為「契約之民」，他們認為人之所以存在，是因為和上帝有著約定，而這種約定是絕對不能違背的。那麼人和人之間呢？依照人是上帝所造的這個邏輯，人與人之間也必須是契約關係，這種契約一旦訂立，也是不可毀損的。

猶太人不光在經商做生意的時候簽訂契約，哪怕就是結婚，新郎也要給新娘一份《結婚契約書》，而且，婚約一旦定下來，就不可隨意變更，因為這也是神的旨意。所以，對於許多西方人很隨便的離婚，猶太人是不能認可的。猶太人在離婚方面很是嚴謹。在猶太人的傳統裡，一對夫婦即使要離婚，也必須在拉比的主持下，舉行一場像婚禮那樣的紀念聚會。

這種契約思想的形成，到底是實際經驗在先還是神話傳說在先，已經沒有確切的結論。但是，從實際生活來講，猶太人的經歷必然是造成他們如此重視契約，重視律法的原因之一。

猶太人長期流落在世界各個不同的國家和地區，受盡欺凌和迫害，他們必須克謹克恭，如履薄冰地遵守這些地方的法律制度，不然的話，人家本來就想方設法找你的茬，要是給人落下話柄，那還不揪住不放？還有，從另一個角度看，在上古時代，猶太人自身就是由許多不同部落的人組成的，這個民族形成之初其實是一個部落聯合體。如果沒有一定的法規制度來加以制約的話，整個民族的形成都會遇到問題。

猶太人的立法實際上是從實踐當中逐步形成的，起初不過是針對某項具體的行為來做出規定，以便日後有所參照，猶太人的經典《塔木德》裡就記載了許多這種帶有原始律法性質的東西。以後，逐步提煉，逐步抽象而成具有一定概括性和普遍性的法律條文。

不過，猶太人從歷史上看就一直是一個講究經濟的民族，而不是一個玩弄政治的民族，所以他們的律法多是從實際生活面出發，從經濟立場出發來訂立的。一直到現在，我們的經濟法規中仍有不少條律是按照以前猶太人的思考結果流傳下來的。

猶太人的法律特點

研究法律的都知道，世界歷史上曾經存在過的法律體系不在少數，而且各有其不同的特點。像古希臘的法律，著重於公民的權利，它基本上體現的是公民法，而古代中國的法律則是完完全全維護皇權利益的皇權法。自資本主義革命以後，西方各國實行的法律主要區別為大陸法系和海洋法系，這裡面主要著眼的是公民政治權利的設定，經濟方面的權利是附屬於政治權利的。而猶太人的法律與上述法律體系均不相同。猶太人的法律特點是什麼呢？我以為就是，它的最主要的著眼點是各個不同主體之間的經濟利益，它從最初的時候起，就是用來確定經濟權利和調解經濟糾紛的。

我們在這裡舉幾個例子。

有限責任和無限責任。其實，《塔木德》對於這類規則的確定不是從責任的角度開始的，而是就具體融資或投資問題來訂立準則的。由於猶太人做生意會經常遇到錢不趁手的事情，用現在的話來說，就是資金周轉遇到了難題。那麼，為了解決這個問題，往往就會採取借錢的辦法或者是合資的辦法。借錢還錢，雖然看起來是一回事，但是這裡面牽涉到一個利益分配的關係問題。猶太人借錢和我們中國人借錢的用途不一樣。我們在古典書籍中看到，中國人借錢，常常是用來解決生計或者與此類似的問題，而猶太人借錢則一般都是為了做生意。借錢用來解決生計問題，那麼在某種意義上，就帶有周濟貧弱，排憂解難的意思在裡面，對於利息等等就不會過於計較。如果借出方斤斤計較於利息問題，會遭到鄉鄰的嘲毀。而借錢做生意，那就必然要講究個利益均沾。

比如說吧，猶太人甲向猶太人乙借一筆錢，很可能賺，也很可能賠，於是兩個人事先商定：甲借的這筆錢不規定還錢的時間，只是須從盈利中拿出本金的兩倍還給乙。看起來，一筆錢歸還時可以翻上一番，但是，這種情況沒有融資擔保。如果甲做生意虧了，那麼損失則由乙承擔，這種借貸方式叫做無限投資。從乙的角度講，這樣借錢獲利大，但是風險也大，所以，必須要拿得準，放得了心，才會把錢借出去。而有限投資呢，就是甲向乙借錢之後，所得收益和乙平分，萬一甲經營失敗，損失則由兩個人共同承擔。

注重細節，注重律法的操作性。由於經濟生活遇到的都是非常具體和多變的情勢，如果規則不具體，遇到情況有差池就不能操作。於是猶太人在確定律法的時候，對於可能發生的情況都要考慮到。

比如，在對於雇工替主人放牧家畜的時候遇到意外該如何處理，什麼情況下由雇工承擔責任，什麼情況下雇工可以免除責任，那是細到了分毫不差的地步。獅子、熊、豹子等等大型猛獸，只要出現一頭前來偷襲家畜，就可視為不可抵抗的天災，這些野獸把家畜咬了，雇工可以免責；要是出現的是狼，則必須同時出現兩隻則可免責，只有一隻狼出現在現場，雇工有責任替主人保護好放牧的畜群，如果家畜被咬死，雇工就得賠償。再有，雇主將雇工連同他的牛一起雇來耕作，如果牛死了，那麼這是雇工的責任，因為雇工和牛是同時被雇請的，牛的管理者此時依舊是雇工。要是雇主先從雇工手上借了牛，然後再雇請該人來幫工，牛在耕作時死了，則由雇主承擔責任，因為這回雇主與雇工和牛分別確立了兩種各自獨立的契約關係。

正由於猶太人的律法條文非常仔細，所以要遵守起來也不容易扯皮，想推卸責任基本上不可能。而這是猶太人在長期的生活經驗中總結出來的，他們發現了這種律法的優點，所以至今猶太人在與別人簽訂合同的時候，總喜歡將合同條款制定得異常明確和細致。

金錢——世俗的上帝

猶太人愛錢，從下面一個故事裡很生動地體現了出來。故事是這樣的：

有一次，有四個經商的人坐在一起交談。這四個人恰巧都是信徒，各自有著自己的信仰。既然是信徒，當然每個人對自己所信仰的教義最為推崇，於是他們便向別人進行介紹。

信仰佛教的商人說：「我們佛教認為苦海無邊，回頭是岸，講究普渡眾生，以求來世。」

信仰基督教的商人則說：「神明的主教導我們應多多祈禱與懺悔，主才會賜給我們力量。」

第三個商人信仰伊斯蘭教，他說：「真主保佑我們平安幸福。」

最後，論到猶太商人了。他說：「我承認你們信奉的宗教都很好。但是，世界上最好的宗教其實應該是猶太教。為什麼呢？因為猶太人個個都精於經商賺錢，而金錢是被當作世俗的上帝的。」

本來談的是宗教，是精神上的東西，可猶太人偏偏把它引到世俗上來。從這個故事中，我們不難領會編故事的人的用意：他認為在猶太人那裡，是根本不看重上帝的，眼睛裡只有錢，猶太人實際上把錢看得比上帝更重要。這個看法也許不能算錯，可是，我們明白了猶太人愛錢的歷史緣由之後，也許就會對他們的行為和觀念加以理解。

怎樣和上帝分錢

對於猶太人愛錢的「天性」，其它民族的確有很看不慣的心理。有人還編出這樣一個段子來諷刺猶太人「嗜錢如命」的態度。

說是有三個神父在一起共事，他們分別是英國人、美國人和猶太人。有一次，他們參加完一個宗教活動後在一起閒談。

美國神父先開口問另外兩個人：「對於教堂奉獻箱裡由信徒們所奉獻來的錢，你們當值的時候都是怎麼處理的？」

英國神父說，他得到的錢，當然是和上帝一起享用，而不會只留給自己來用。但是，「為了公平，我會在地上畫一條直線，然後把奉獻箱裡所有的錢，往天上一丟，落在地上直線右邊的，是屬於上帝的錢，所謂教堂運作的經費；而落在直線左邊的，則算是我的薪水，留下來讓自己過生活。」說完後他又問：「你們又是怎樣處理的呢？」

美國神父說：「哦，我也和你的方法差不多。我是在地上畫個圈——當然，圓圈不能畫得太大——然後呢，把奉獻箱裡的錢往天上一丟，掉在圓圈裡面的奉獻給上帝，而掉在圓圈外面的，就當做是我的私房錢啦。」

他們說完，輪到猶太神父說了。他說：「我哪有你們這麼多的麻煩，我根本不用畫什麼直線、圓圈的。我的方法很簡單，不過就是把信徒們奉獻來的錢往天上一丟，留在天上的，自然歸上帝所有，至於掉在地上錢，哈哈，當然全部歸我了。」

雖然上帝是猶太人唯一的神，可一和俗世的上帝—「錢」比起來，猶太人還是精明得當仁不讓，十足是個天生的生意人。

不能讓錢睡覺，否則應遭唾棄

我喜歡你，
你要借錢，
我不能借，
怕你借了，
以後不再上門。

這是從前的猶太人在自己開的餐館門前貼的歌謠。猶太人向來以放貸為生，如果他們有了閒餘的資金，一定要用它來滾利息，而不會把它們閒置在那裡。《聖經》中曾經講到這樣一個故事，說有一個財主有一天將他的財富托付給三個僕人管理。他給第一個僕人五份金錢，給第二個僕人二份金錢，給第三個僕人一份金錢，然後囑咐他們，要珍惜這個機會，保管好暫時屬於自己的財富。

一年以後，財主把這三個僕人召到一起，檢視他們是如何去做的。結果，第一位僕人用那筆錢財做了各種投資，第二個僕人則買來原料，加工生產和出售商品，唯有第三個僕人老老實實把財產埋藏在一棵大樹底下，唯恐運用失當而帶來損失。自然，前兩位僕人都因金錢的流動而增殖，後面這位僕人財產雖然沒少一分，但也沒增加一分。財主根據這一情況，對前面兩位僕人給予了獎勵，而對後面這位僕人進行的責罵。

猶太人一般不肯輕易向別人借錢，因為他們覺得借了錢，以後盡管會如數奉還，但卻影響了別人利用這筆錢生利，這也是變相欠了別人的債。他們也不肯把錢借給自己的朋友，因為這意味著讓朋友欠自己一份看不見的人情。按照猶太人「錢要生錢」的傳統習慣，平白借錢給別人而不能增殖的話，那會使嗜錢如命的猶太人吃不好，睡不好，有「暴殄天物」的感覺。

下面這個故事充分描繪了猶太人的這個特點。

雅科夫借給亞瑟五百塊錢，馬上要到期了。雅科夫已經提醒了亞瑟，讓他務必在明天天亮的時候把錢歸還。可是，亞瑟此時還是身無分文，根本無法還這筆錢。晚上，他在家裡想起這件事，不免煩躁不安。

他的妻子見他這副樣子，覺得好笑，問他：

「你明天能把錢還給雅科夫嗎？」

「我哪有什麼錢還他？我連一個子兒也沒有呢！」

「那你著什麼急？著急的應該是雅科夫才對。他知道借出去的錢明天還不了了，他今晚會睡不著覺的。」

金錢是提升個人身份的有力手段

猶太士兵威爾遜應征入伍，被派到日本駐防。他的軍階是中士，級別本來就不高，再加上他的猶太人身份，在連隊裡很受白眼，別人都用一種不太尊敬的態度對待他。威爾遜知道這種情況沒別的辦法能夠改變，唯一能改變它的就是必須讓自己變得有錢。

那個時候，美軍士兵每月的補貼為十萬日元，其他美國士兵太不會過日子，花起錢來大手大腳，經常是不到月底，所發的軍餉就用完了。可是威爾遜卻不一樣，他總是能夠有辦法節餘一部分錢。別人手中沒錢，就想到向他借，可威爾遜借錢可不像朋友之間那樣，到時候如數歸還就行了，他借出去的錢，就像他們猶太祖先那樣，放的是高利貸。如果有誰不能及時還錢，對不起，他就要你用物質抵押，然後再把這些東西賣出去。一來二去，威爾遜的錢越變越多，以至於在軍營裡竟過上了豪華的生活。

短短的幾年期間，他甚至購買了兩輛高級轎車，價值70萬美元，還結交了漂亮的女人陪伴自己。每到假日，他開著自己的轎車到日本的各個名勝地點去游覽兜風，別人看去還以為他是來日本做生意的商人呢。自然，有了這樣的身份，軍隊裡那些平時看不起他的人再也不會用白眼來對待他了，見到他反而比見到上司還要恭敬，因為，說不定哪個人倒楣一時缺錢花，還得找威爾遜借，因此只好把威爾遜奉做財神。

金錢的陰謀

曾經看過一篇文章，題目就叫《金錢的陰謀》，說的是英國十八世紀著名的哲學家，曾任英國首席大法官，後因受賄罪名被囚並遭巨額罰款的培根，在他臨死的時候，寫下流傳千古的名著《人生隨筆》。

在這本著作中，原先有一篇《論金錢》，專門討論當時在英國發生的三起轟動一時的案子。這三起案子分別是：

一、乞丐殺子案。

有一個名叫約翰的乞丐，乞討了整整四十年，一便士一便士地積攢了三千元金幣。由於得來不易，所以他對這些金幣看得如同自己的性命一般。有一天，他發現自己的兒子頭上戴了一頂華貴的帽子，十分奇怪它是從哪兒來的，便問兒子。兒子老老實實告訴他，從父親那三千枚金幣中取了一枚，拿到當鋪取換了這頂帽子。乞丐一聽大怒，結果一拐杖將兒子給打死了。

二、姐弟絕交案。

相依為命的姐弟倆，姐姐叫倫莎，弟弟叫戴維，他們倆自小失去父母，一直過著異常困苦的生活。後來，為了養活弟弟，並能使他將來有一個好些的前程，倫莎在13歲那年做了妓女。做妓女掙錢就多了，於是戴維有條件上學讀書，而他又天資聰明，最終竟考上了英國最著名的劍橋大學。大學畢業後，戴維有了工作，還找到了一位可心的女子並與之結了婚。當然，戴維不會忘記他的一切都是姐姐給的，於是準備報答姐姐的恩情。就在這個時候，倫莎向弟弟提出，斷絕兩個人的姐弟關系，而且發誓與弟弟永不見面。當有人想弄清楚這裡面的原因時，倫莎說，她只要看見弟弟，就會想起自己那段不堪回首的過去。並且，弟弟越幸福，越有出息，就越會勾起自己對往日的記憶。

三、蘭姆貪污案。

蘭姆是英國的海軍大臣，知識豐富，才華出眾。他精通天文、曆法和海洋知識，在英國與西班牙爭奪海上霸權的時候，他率領英國海軍，屢立戰功，被英王伊麗莎白敕封為爵士。他個人的年薪高達一萬六千英鎊，是一般倫敦市民的50倍，而且，個人生活又極簡樸。別的貴族家裡窮奢極欲，列鼎而食，可他每天的開銷卻不超過兩個英鎊。可是，就是這樣一個人物，在十分寵信他的伊麗莎白女王死後，竟然被查出貪污海軍軍餉六十萬鎊，而這些錢一個便士也沒有動，全部儲存在他住所的地窖裡面。最後，他被英王詹姆士處以死刑。

培根研究這三個案子，據說是因為他發現了「金錢的陰謀」，他想通過自己的發現，來警示世人。可惜，他把書中的《論金錢》原稿燒掉準備重寫的時候，卻因支氣管炎發作而死。

金錢的陰謀是什麼？我們沒有看到培根給出的說法。但是，有人卻依據這三個故事的相近內涵以及培根自己的親身經歷歸納說，所謂「金錢的陰謀」就是——如果你在獲取金錢的過程中感到緊張或屈辱，在獲得金錢之後，就不要指望金錢會讓你生活得怡然自得，說不定，它會令你更加感到不安和心酸。

都說猶太人是謀取金錢的高手，而且他們在獲取金錢的技巧（或者可以說是「伎倆」）幾乎無人可比，但是，他們卻不會陷入金錢的陰謀當中。因此，賣淫、乞討和貪污這幾項「法門」，在猶太人那裡是幾乎看不到的。

他們可能會運用任何手段，包括世人想像不到的手段，但是，他們始終認為，自己換取金錢的手段靠的是真正的智慧，他們從中體驗到的不是緊張和不安，而是興奮、激動和愉悅。

第2章

善於學習，勇於思考

——學習力

猶太人代代相傳的重要經典

猶太民族的經典中，最重要的自然首推《聖經・舊約全書》，其次就是《塔木德》（Talmud）。在猶太人的心目中，《塔木德》的地位僅次於《聖經・舊約全書》。這本書共有20卷，一萬二千頁，長達二百五十萬字。這部巨書裡面的內容幾乎無所不包，上至天文，下至地理，神話傳說、民族歷史、宗教訓誡、法律道德、日常習俗、行為規則、生活常識、醫學知識、植物分類……

這部書的形成時間非常之長，據說是猶太民族積三千年的積累才完成的，所以它成為猶太人世代相傳的一部寶典。特別是其中有關猶太律法的部分，據說集中了猶太民族二千多位學者的智慧，在反覆實踐、討論、研究和爭辯的基礎上寫成，它不像現代的法律書籍，不是用空洞的條文來制定某些規則，而是憑借生活中發生的具體事例來闡釋、證明和解說的，所以既形象又生動，有助於理解。

《塔木德》是猶太人的知識寶庫，又是他們的處事指南，還是他們的啟蒙教科書。猶太人一到學習的年齡，就要接觸這本被稱為「猶太智慧的基因庫」的書籍，而這部書籍確實給整個猶太民族帶來了非同小可的益處，稱為他們智慧和力量的源泉。幾千年以來，猶太人每天早上都要誦讀《聖經》和《塔木德》，而安息日裡也不會忘記鑽研。據說，他們有的時候在長達幾個小時的時間裡，學習進度不過十幾句，可見其認真的程度。《塔木德》認為，學習是一種至善的行為，是一切美德的本源。而這部經典的名稱本身的意思，就是「鑽研」或「學習」。

猶太民族中有一種特別階層的人，負責傳遞本民族的文化傳統，它的名稱叫「拉比」，它既是宗教的權威，又是知識的代表，它不僅擔負著替上帝向人間傳遞指示，同時也擔負著教育和開導世人的責任。一身肩負兩項任務的拉比使得宗教信仰在猶太民族中普及化，深入化，同時又將對學習虔誠和努力鑽研的習性上升到與宗教行為以及宗教信仰幾乎相同的程度。

猶太人對於後代的教育是普及化的，不論富有還是貧窮，不論地位高貴還是低賤，都必須學習猶太教的經典，學習做人，都必須在拉比那兒接受教育。正因為此，這個民族的整體精神素質和文化素養，要遠遠高於其它民族的平均水平。

愛書的猶太人

猶太人的愛書，是世界各民族當中絕無僅有的。猶太人有這樣一句箴言：

把書本當作你的朋友，把書架當作你的庭院，你應該為書本的美麗而驕傲，採其果實，摘其花朵。

古羅馬帝國統治時期，曾經發生過這樣一個故事：一個猶太男孩，對於學習興趣並不是很高，他的父親於是便反覆教他讀《創世紀》，直到他把這本書讀得很熟。後來，羅馬人占領了這座城市，這個男孩也被當作俘虜帶到另一個很遠的城市。

這一天，羅馬皇帝凱撒大帝前來視察監獄，他要求看一看監獄的藏書，結果，發現裡面有一本他讀不來的書。凱撒大帝非常好學，博古通今，無所不聞，但眼前這樣一本書卻難倒了他。他猜想：「這可能是一本猶太人的書」，便要監獄的看守找來一名猶太人，問問他書上寫的什麼。監獄的典獄官將那個小男孩找來，對他說：「如果你不能讀這本書，國王會要你的腦袋！」男孩被帶到凱撒面前，那本書被交到男孩手上，書的封皮上恰恰寫的是《創世紀》。男孩開始讀了起來：

「起初，上帝創造天地……」

一直讀到「這就是天國的歷史」，他合上了書本。

凱撒認真聽著男孩的朗讀，並被書中的內容所觸動。他說：

「這顯然是上帝的旨意，我要把這孩子送回到他父親身邊。」

於是，下令賞賜給男孩大量金銀，並派遣兩名士兵將他送回老家。

通過這個故事，猶太人教育後代：這個男孩盡管只讀了一本書，仁慈的上帝就這麼獎賞他，那麼，想一想，如果一個人能夠讀完《聖經》、《密西拿》、《聖徒傳》，那他得到的獎賞該有多大呀！

聯合國科教文組織曾經進行過一次調查，結果表明以色列是最好讀書的國家。在這個國家，14歲以上的國民平均每月讀一本書，全國五百萬人口就有一百萬人擁有自己的借書證，每四千五百人就有一座藏書量達萬冊以上的圖書館，以色列人均占有圖書館和出版社居世界首位。以色列共有八百九十多種刊物，每個家庭每年至少會訂閱三種以上的報刊。

猶太人的早期教育

對於兒童的教育，從什麼時候開始最恰當？這是教育界一直爭論不休的問題。雖然近代西方教育將孩子入學的年齡定在7歲左右，但卻有不少家庭和教育家們認為教育開始得越早越好。上個世紀後半葉，西方甚至流行胎教，說是孩子還在母親肚子裡的時候，就應當開始對他的教育了。為此，出版了大量有關胎教的書籍、磁帶，開辦了如何進行胎教的學校……不過，最近有人撰文說胎教純粹是一廂情願，對孩子智力的開發根本不起作用的。反正是仁者見仁，智者見智，尚無定論。不過，根據猶太人的歷史，他們對孩子的教育卻是從很小的時候就開始的。

古代的先知以賽亞說，嬰兒應當從斷奶的時候就開始接受教育，而另一位猶太人的偉大先知、哲學家斐洛也主張，孩子在襁褓裡就應該讓他知道，上帝是宇宙的惟一神和創造者，讓孩子從那時起就感受「上帝的靈氣」。

一般來說，猶太人都認為，孩子在剛開始學習說話時，就應該教他說「西瑪」這個詞，然後對孩子說：「聽著，以色列人啊，耶和華時我們的牧者，是惟一的神。」再往後，就要逐漸教給孩子背誦祈禱文、猶太箴言並學唱讚美詩。

人類的教育史都經歷過差不多的發展階段。早期的人類教育，是沒有正規的學校和教師，也沒有正式而固定的教材的，教育的方式主要是以家庭為單位來進行。猶太人的家庭教育和別的民族有所不同的是，他們對後代的教育方式是分散的，但他們的教育內容卻是大致統一的。

猶太人早期對後代的教育主要包括兩個方面的內容：一、是宗教神學，二、是個人品德。宗教神學的教育讓孩子們崇敬自己民族的起源，敬畏自己民族的上帝以及對民族的優越感；而個人品德的教育則要使孩子從小懂得謙虛、節制、仁慈、誠實的重要性。

一名學者這樣說：「正是這種沉浸著濃厚宗教氣氛的家庭教育，使得每個猶太人家庭都是一個牢不可破的堡壘。正是這種把一切統攝在篤信上帝、充當上帝的子女的教育之下，使得猶太人盡管此後散居各地、被擄往異鄉，仍能繼續生存、發展，保持其傳統習慣、宗教信仰。」

猶太人學校教育的產生時間，在「巴比倫之囚」時期，猶太民族接觸了先進的異族文化，波斯統治時期，他們通過聖殿誦讀和傳播經典。由於猶太人自己的國家已經不再存在，他們必須學習其他民族的語言，因此，聖殿還成為學習語言和翻譯經文的場所。聖殿被統治者摧毀後，猶太人又在各地建立會堂，而會堂成為猶太人學習和禮拜的中心。

到公元三世紀，一些會堂開始招收兒童，辦班講學。此時，講學的內容也依舊是宗教教育和禱詞、聖詩、格言、諺語等。公元前一世紀，開始在會堂之外出現一些學校，主要向兒童傳授讀書和寫字的基本技能。公元前75年，耶路撒冷猶太教公會族長頒布法令，規定猶太人社區必須資助公共教育，十六、七歲的青年都要接受正式教育。再過一個世紀，猶太教大祭司規定每個猶太社團都必須設立學校，6～10歲的兒童必須入學，在老師的監督下學習，並完善了在各地任命教師的制度。從此，猶太民族的初級教育體制正式形成——而這正是現代義務教育體制的先河。

蒼鷹死於不會覓食

我們前面介紹了一些有關猶太人早期教育的內容，據日本學者手島佑郎的研究，猶太人一般從孩子三歲的時候起，就開始實行對他們進行較為正式的教育。這些教育從記憶簡單的文字開始，漸漸進入到可以誦讀祈禱文。學習的經文包括《摩西五經》、《先知書》以及《塔木德》等等，到十三歲的成人儀式之前，孩子們要學完所有的猶太教法的基礎知識。律法和規則的觀念就是從這個時候起，灌注到孩子們年幼的心中。人與人之間的關係、人與社會之間的關係也是猶太人教育當中的重要知識。而在傳授這些知識的時候，猶太人的目的是要培養孩子們的敬畏意識和尊重意識。猶太人還尤其重視孩子們做事——也即我們所說的動手的能力。《塔木德》裡說，在孩子們學習知識的同時，有必要讓他們學習做一些自己的事情，因為，「一個連做飯都不會的人，是沒有資格做學問的。」

據說，在美國費城納爾遜中學門口有這樣兩尊雕塑：左邊是一隻蒼鷹，右邊是一匹奔馬。鷹和馬雖然都是勇健的動物，但在這裡卻代表著與我們全然不同的觀念——它們並不是代表遨擊長空和馳騁萬里的意思，它們是兩則西方寓言的形象化暗示。

那隻蒼鷹，為了實現遨游世界的理想，練就了各種高超的飛行本領，但就是忘記了它最需要學習的覓食的本領，結果是「出師未捷身先死」，它尚未取得初步的成功，就活活餓死在地上。而那匹馬也與它有著相似的命運。馬的原先的主人是一位磨坊主，它嫌主人讓它幹的活太多，很不滿意，就懇求上帝把它換到農夫家裡。在農夫家裡又嫌飼料少，再乞求換到皮匠家去。在皮匠家的幾天裡，它不用幹活，吃得又好，於是好不得意。殊不知皮匠餵養它並不是平白無故的，而是為了養好它的皮毛做原料。果然過了不久，皮匠見它已經被餵養得毛色光亮，就將它的皮剝下來做了皮料。這兩尊雕塑所代表的寓言故事，可以說正是猶太人教育後代的用心所在。

在父親那裡打工的猶太人子女

猶太人的一位領袖撒曼以色三世曾經說：「沒有比既能做事又能做學問

更好的了。沒有勞動的學問結不出果實，相反可能導致罪惡。」正因為有這樣的教育，所以很多猶太學生很早就開始打工。他們有的在蔬菜店門口招攬生意，有的在印刷廠裡幹雜活，有些立志要當老師的高中生會回在夏天的時候參加夏令營，做中、小學生的領隊。猶太人從小就被灌注這樣的思想：如果要實現自己的理想，不學會自己賺錢，不在經濟上獨立是不行的。如果一直由家人或是朋友提供經濟上的援助，一個人要實現真正的獨立是不可能的。你能夠得到別人的幫助固然是好，但一定要知道，人是絕對不可能靠別人來生活的。

有這樣一個猶太人，他的名字叫來姆。他在十六歲的時候考上了英國的一所大學，準備到那裡去留學。臨行之前，他的父親只給了他一百英鎊的學費，並說，這些錢只算是借給他的，在他學成之後，必須歸還。按照我們觀點，來姆父親的做法無疑是荒唐的、絕情的，可按照猶太人的觀點，這正體現了家長對孩子獨特的關心和愛護。因為，正是這樣帶有壓力性的要求，才能讓孩子盡快成長、成熟並獨立起來。果然，來姆到了英國後，一邊學習，一邊熟悉情況，很快就想到了很多賺錢的好點子。在倫敦讀書的四年裡，他實際上全部用自己賺的錢交納了學費，在從倫敦大學經濟系畢業的時候，他回到父親身邊，將一百英鎊交還給父親。

放開手讓孩子學會獨立生存，是猶太人給孩子們最好的禮物！

猶太人深知「實踐出真知」的道理。在商業領域，只有經歷過親身的實踐和體驗，才能夠獲得寶貴的經驗。

長頸鹿的教育法則

美國最早、也是最著名的百萬富翁洛克菲勒，一度是世界上知名度最高的人物之一。他之所以有名，當然是因為有錢。他所擁有的財產，簡直是「富可敵國」，而他這麼多財產都是自己親手掙來的，絕對沒有一分錢來路不明。洛克菲勒的確是個經商天才，但他這個天才卻不是憑空產生的，而是來自幼年時得到的鍛煉。

洛克菲勒小的時候，父親時常這樣教導他：一個人不能總想著別人的恩賜，世界上沒有免費的午餐。一個人要擁有財富，必須靠自己去掙，而你小小年紀，要想有零花錢，也必須憑自己的勞動去獲得。父親說到做到。洛克菲勒想自己買點什麼小玩意，想裝滿自己的貯錢罐，果真就是在平日裡幫父母做家務來積攢的。他幼小的時候靠做家務來掙錢，稍大一點又到父親的農場做幫工，領取自己的一份「工資」。當然，他並不只會被動地聽從命運的安排，而是在生活中認真觀察、學習，逐漸學會了掙錢的本領。當他在父親農場掙到了自己所擁有的第一筆「巨款」——50美元之後，他將它貸出去給近旁急需錢用的農民，在借款期滿之後，收取一定數量的利息。所以，很快，他的50美元便增加了三塊七毛五。

洛克菲勒的商業意識就是在這個時候開始形成的。假如說，父親當初要洛克菲勒通過幹家務來獲取零花錢，以培養他的勞動習慣和商業本領是因為家庭財產尚沒多到足以任子女們隨意揮霍的話，那麼，在洛克菲勒終於站在了世界的財富之巔上以後，在他掙到的錢已注定下好多輩都無法花完的時候，他仍然把父親當初對待他的方法保留和繼承了下來。

在家裡，他「成立」了一個象徵性的「公司」，讓自己的妻子做「總經理」，幾個孩子則是名副其實的「打工仔」，孩子們要取得零花錢，就像自己當年一樣，要通過幹家務活來「掙」取。應當說，這種培養子女的方式對猶太人而言，是溶化在血液裡的一種傳統。正因為洛克菲勒在成了世界級巨富之後仍沒有放鬆對子女商業意識的教育，所以他的子女們也不會越變越懶，越變越無能。整個洛克菲勒家族在美國一直具有著不小的影響。

其實，猶太人的這種教育方式，才真正符合生物界的自然規律，。

有一本叫做《動物園觀察》的書，講了長頸鹿母親是如何給它的孩子上第一堂人生課的。

當長頸鹿母親生下自己的孩子後，先低下頭，看清楚剛出生的小鹿所躺的位置，然後走到它的正上方。等待了大約1分鐘後，母長頸鹿伸出它碩大的蹄子，朝小鹿踢去。小鹿頓時被踢得翻了個個兒。剛出生的小鹿此時還十分的虛弱，尤其是那一雙細細的腿，就像草梗一樣，讓人覺得風一吹都會跌倒。可是，只要小鹿還沒有站起來，母鹿必定會再加上一腳，直到小鹿能夠站起來之前，母鹿所做的事情就是不斷反覆地踢自己的孩子，任它打滾、翻倒和掙扎。當小鹿終於站起來之後，長頸鹿媽媽這才伸出舌頭，替孩子添去身上的羊水。長頸鹿母親之所以要這麼做，而不是在孩子出生的時候首先表示自己的溫柔，這是因為，在遼闊的非洲大草原上，到處都潛伏著弱肉強食的危險。鬣狗、土狼、獅子等肉食動物隨時隨地都在窺伺，等待著捕捉獵物。小長頸鹿倘若不能在生下後的幾分鐘內站起來，萬一天敵出現，那就很可能成為它們口中的美食。

長頸鹿的行為，實際體現了典型的生物競爭法則。如果母親不是以這樣特殊的方式愛孩子，那麼，它的孩子就最容易遭受到外界的傷害。

在屋頂求學的希萊爾

猶太人歷史上出現過三位最偉大的先知，其中一位叫做希萊爾。希萊爾年輕的時候家裡很窮，上不起學，但是，他卻有著對知識的強烈渴望。他的家鄉有一所猶太人學校，希萊爾每天去給人家打工，一天只能掙到一個硬幣。他把其中一半用來糊口，另一半用來交納上學的學費。可是，後來他失業了，不用說交學費，就連一日三餐都很成問題。盡管這樣，他卻對學習依然抱著虔誠的態度。學校的屋頂上有一扇天窗。

這一天，希萊爾到學校去偷聽老師講課，他為了能看清教室裡的情況，便冒著危險爬上屋頂，從天窗裡往教室裡看。可能是他太全神貫注了，竟然把整個身子都撲在了天窗上，忘記了自己的身體會將天窗擋住。果然，當教室裡學習的學生發現教室的光線暗淡下來時，都紛紛抬起頭往天窗上看，就見上面居然躺著一個人。當大家搭起梯子爬上屋頂，將希萊爾抬下來的時候，希萊爾已經因為又冷又餓而凍僵了，他的身上，蓋滿了厚厚一層雪花。老師看見這種情況，很是感動，於是主動免去了他的學費。

由於有這麼強烈的求學精神，希萊爾最後成為一位傑出的拉比，他的充滿智慧的語言一直在猶太民族當中流傳，甚至有人說，後來被認為是基督的言論，有些其實也出自希萊爾的口。

正是從希萊爾開始，猶太人中形成了這樣一個不成文的規定：只要在條件許可的情況下，像希萊爾那樣家境非常貧窮，但卻渴望學習的人，應當免除他的學費。

葛林斯潘怎樣成為「財神爺」

葛林斯潘這個人，在國際金融領域裡，如今是無人不知，無人不曉。他對於經濟運行的預測和把握，對於美國經濟發展建議的權威性，早已多次被實踐所證明，因此，他能夠成為美國總統在經濟方面的顧問，他的意見對美國乃至世界的經濟走向都會產生重要影響。緣於此，葛林斯潘被人們誇張為「葛林斯潘一打噴嚏，全球就得下雨。」柯林頓時代，葛林斯潘協助美國制定國家經濟政策，致使美國出現「零通貨膨脹」的奇蹟。

葛林斯潘一九二六年出生於曼哈頓的華盛頓海茲區，4歲的時候，他的父母離異，年幼的葛林斯潘跟隨著母親生活。

受母親影響，葛林斯潘從小就喜歡音樂，他曾經在紐約時報廣場著名的派拉蒙劇院下屬的一家夜總會裡演奏薩克斯。雖然從事的是藝術，但葛林斯潘性格靦腆而內向，他表面低調不張狂，但內心裡卻有著強烈的幹一番大事的願望。也許是猶太人家教的傳統，葛林斯潘尤其喜好讀書，天文地理，三教九流，無所不涉。

當年，哪怕是參加樂團演出的時候，他也是手不釋卷，孜孜以求。給舞會伴奏，場間休息20分鐘，別的樂手在那兒歇息，可葛林斯潘卻利用這一點時間找個稍微僻靜的地方讀上一段。樂團到外地巡回演出，別的人觀市容、賞風景，葛林斯潘必去的地方則是當地圖書館。在閱讀中，葛林斯潘漸漸地確立了自己的發展方向。他發現自己越來越喜歡讀的書是有關經濟理論、金融和股票方面的，他的個人興趣竟然在這個方面。

葛林斯潘的父親早先就是一位股票經紀人，雖然葛林斯潘尚不懂事的時候就與父親分離，但看起來父親的基因在他身上依然產生著作用。漸漸地，葛林斯潘的經濟知識十分地豐富了。他不是科班出身，但他有一股強烈的欲望在這方面嶄露頭角。當時，美國的稅收制度十分複雜，上繳個人所得稅時需要填報稅單，但稅單上那密密麻麻的表格欄目讓外行的人一看就頭痛，葛林斯潘就主動幫助同事們來填寫報稅單。此外，他的記賬能力也很強，他自己的賬目從來都是嚴謹工整，沒有出過差錯的。

這位自己鑽研出來的經濟學家，從一九八七年開始擔任美國聯準會主席職務，迄今已陪伴了四位美國總統，而歷任總統對他的經濟建議幾乎是言聽計從。也許正是因為這一點，美國經濟在他擔任聯準會主席期間，經歷了歷史上最長的一次增長期。

自學成才的高科技公司老總

薩爾諾夫小的時候，家裡十分清貧，甚至連供養他讀書都很困難。於是從讀小學起，他就不得不利用放學時間和寒暑假做工掙錢，以幫助父母補貼家用，並為自己積攢學費。可是，天有不測風雲，就在他小學快畢業時，父親卻因長期積勞成疾而不幸去世。於是，薩爾諾夫無法繼續他的學業，只好輟學做了童工。

年紀尚幼的薩爾諾夫挑起了全家生活的重擔，生活異常地艱苦。可是，就是在這樣的逆境下，薩爾諾夫卻沒有放棄努力，他一邊幹活，一邊自學，常年堅持，毫不鬆懈。

後來，他找到了一份送電報的工作。過去，送電報的工作是非常辛苦的，為了將一份電報及時送達，要跑好幾英里的路，而薩爾諾夫一天平均要送20份電報，跑的路不下幾十英里。這樣，當他每天完成工作回到家裡，幾乎都到了夜裡兩三點鐘。第二天一早，他又要起來趕到電報大樓去上班。

可是，在這樣的條件下，薩爾諾夫始終沒有忘記自己的志向。他認為，一個人要做成一番事業，沒有相應的知識準備是不行的。於是，他在稍有時間的時候，依然如飢似渴地進行學習，尤為難能可貴的是，他居然獨自摸索，學會了當時很少有人掌握的摩斯電碼的操作方法。摩斯電碼在當時屬於世界上最先進的發報技術，薩爾諾夫因此被破格提升為一名報務員。

成為報務員，薩爾諾夫並沒有就此滿足，他又在公司的研究所裡學習電氣工程學，完成學業之後，他擔任了當時世界功率最強的電台——馬尼可無線電公司的收發報員。一九一二年4月，發生了一件震驚世界的大事——世界上最大的豪華巨輪鐵達尼克號郵輪在進行處女航的時候，居然撞上冰山沉沒。該艘輪船在沉沒前發出電報請求救援，薩爾諾夫第一個收到鐵達尼克號的求援信號。

薩爾諾夫勤奮、敏捷、好學、知識豐富、頭腦又靈活，盡管他沒有大學學歷，但是，公司卻看好他的能力和前景，於是，在他30歲的時候，任命他為無線電公司的總經理。

智商高的人不一定會成功，智商不高的人也不見得會失敗

智商，是由先天性的遺傳因素決定的。一般認為，智商高的人應當更聰明，而智商低的人相對要不如前者。但是，這僅僅是一種理論上的認識。事實上，一個人聰明與否、成功與否，往往更多是來自於後天的教育和學習，以及來自於他們的親身經歷。

不少猶太籍教育專家認為，在孩子剛出生的時候就開始對他們進行教育，實行「早期開發」，對挖掘孩子身上的潛力很有必要。有一位猶太母親介紹自己教育孩子的經驗說，孩子出生還不到6周，她在給孩子餵奶的時候，就有意識地使用不同顏色的奶瓶，讓孩子很早就學會分辨不同的顏色。三歲前的孩子對生活的學習主要是一種「模式學習」，即無意識學習，這種學習的特點就是反覆加強印象，而孩子在這個階段裡，大腦的接受能力是非常強的，只要採取了適合的方式，那麼早期開發是一定會取得成效的。

但是，事實上每個人的成長、發育階段都是有區別的，而且每個人今後的智力傾向也是不一致的，對學習方法的適應也有著各自的區別，這裡就涉

及到「因材施教」的話題。而猶太人很早也注意到這個問題，他們說：「要按照孩子該走的路來充分地訓練他。」

拉比認為，一個孩子在學習《聖經》上有獨到的領悟，而對於《塔木德》的領會卻懵懂未開，那就要在《聖經》上加大對他的啟發，未必要強迫他花費無效的時間鑽研《塔木德》。反之，如果他對《塔木德》更有興趣，那就在這方面對他多加訓練。

猶太民族最傑出的，也是整個人類中最偉大的科學家之一愛因斯坦，在智力性因素上並不是一個得天獨厚的人。他四歲才開始說話，小學時，因為學業不佳，老師曾要對他作退學處理。甚至有老師斷定他在數學方面絕對不會有出息。但是，他的母親卻一直沒有放棄對孩子的希望。母親通過音樂對他進行熏陶，而叔叔則在數學上加以引導，結果，愛因斯坦終於成長為人類科學史上的一棵參天大樹。

智商並不直接等於成功，只有適當的教育，加上勤奮的努力，才有可能創造天才。

「抓周」和股票大王的故事

正像手島佑郎所分析的，猶太人對子女進行經商和理財的教育，確實從很小就開始了。小孩子滿周歲的時候，我們的民俗中有個習慣叫「抓周」，就是任意取一些東西放在尚不更事的孩子身邊，讓他伸手去抓，看他抓住什麼，就說明他將來可能朝哪個方向發展。猶太人在孩子滿周歲時也有類似的習慣，但不是讓孩子瞎子摸象似的在一堆東西當中亂摸，而是以長輩的名義給孩子送股票，這裡面就潛在地表達了猶太人對孩子未來所寄予的希望。在孩子到了讀書的年紀之後，猶太人家庭都會教給孩子辨認商店裡的標簽，同時教給他們關於存儲、利息、帳戶、交易等等一些相關的概念。

再大一點，還要讓孩子們自己制訂兩周以上的開支計劃，並按照這個計劃去認真執行。通常，猶太人的孩子都有過自己的這樣一份「帳單」：某年某月某日，幫母親拖地，15美分；某年某月某日，收拾自己的床鋪，5美分；某年某月某日，幫父親清除花園雜草，20美分……

從小培養的法則是不變的，但從小培養的方式可以是多樣的。「培養」

這個詞，一般指的是別人對自己的教育、栽培和養育，但有時候，有的人偏偏沒有這種幸運，他不能依靠別人的「培養」，只能自己教育自己，自己提升自己——股票大王約瑟夫的經歷證明了這一點。

約瑟夫幼年時家境不幸，不得不流落街頭，靠拾撿垃圾為生。他生當19世紀末20世紀初的年代，那個時代，資本主義正處於血腥的發展年代，殘酷競爭、貧富差距等等社會問題成為公害。

約瑟夫周圍有許多淪落到一文不名的人，不能不靠盜竊、搶劫販毒吸毒過日子。在這樣的環境中長大，那種「近墨者黑」的影響是很難避免的。可是，畢竟約瑟夫是出生於猶太人家庭的，猶太人的傳統在他的血脈裡並沒有因環境的惡劣而「斷流」。沒有人幫助他，沒有人教導他，他就連給家人「打工」來賺取自己的零花錢都不可得。但是，他卻在每天撿垃圾的過程中，將拾得的書本、報紙留下，待晚上帶回住家，憑借著微弱的路燈閱讀。

積年累月，通過這樣的途徑，他積累和掌握了經濟運行及股票市場的相關知識，甚至由此產生了對於股市的濃厚興趣。他身邊的那些小流浪漢們對他的行為自然不可理解，他們不知道，約瑟夫的猶太人血統注定了他不可能久居於這種骯髒和墮落的環境當中。

果然，在約瑟夫通過行乞獲得了一點點資金之後，他就果敢地進入股票市場，積極「練兵」，結果居然成功了。他的財富開始慢慢增加，並由乞丐變成為「股東」。

當第一次世界大戰爆發的時候，歐洲的許多證券公司都由於經濟的不景氣而處於岌岌可危的狀態，就在這個時候，他做出了自己的重大決定：到證券交易所去工作。他由普通的工作人員做起，在不長的時間裡就成為一名股票經紀人。通過三年的實際操作，在積累了一定的經驗之後，他又獨立出來自己闖蕩天下。僅僅一年，他便獲得了一百六十八萬美元的收益。

20世紀上半葉，百萬富翁這個頭銜還是十分眩目的。約瑟夫成長和成功的例子，不會不給我們受益匪淺。

一個人從小受到的教育，往往會影響他的一生，這是被無數歷史事實所證明了的。猶太人這個民族異常重視對孩子在經商和理財方面的啟蒙教育，使得他們在世界性的商戰當中始終能把握先機，獨占鰲頭，傲視群雄，可謂「冰凍三尺，非一日之寒」。

最受歡迎的教育方式

曾經讀到過這樣一篇文章，題目就叫《最受歡迎的教育方式》，可以讓人得到某種啟示。文章所表述的內容如下。

一九九六年10月，聯合國教科文組織屬下的一個工作機構在日本的東京組織了一次精心策劃的國際中小學教師和學生的聯歡活動。一共有20多個國家參加。

這次聯歡活動共設計了5個活動項目，其中有一個別出心裁的活動是，讓各個國家的學生們來評選最受歡迎的教育方式。活動開始，首先出一個題目，要求所有參加活動的教師們回答，題目的內容是這樣的：

有一對雙胞胎，分別叫大傑克和小傑克。兩兄弟正好14歲，在同一所學校裡面讀書。由於家住得離學校較遠，父親給他們配了一輛輕型轎車作為交通工具。可是，兩個傑克有著同樣的毛病，就是貪玩，晚上經常玩到很晚都不睡覺，到了第二天早上又起不了床，所以上課經常會遲到。這一天上午，要考試了，盡管老師昨天已經再三叮囑他們千萬要準時到校，可他們卻還是遲到了半個小時。

老師自然要詢問哥倆遲到的原因，兩兄弟在路上已經串通好了，都回答說開車的時候，走到半道上，汽車爆了輪胎，所以才沒能準時趕到學校。鑑於兩兄弟平時的表現，老師對他們的回答自然不肯相信，但當場並沒有做任何表示。等兩個人進了教師後，老師來到停車場，對他們的車子進行檢查，只見汽車的四個輪胎並沒有被拆卸過的痕跡，心裡便有了數。題目要求教師們回答：假如你是傑克兄弟的老師，你會如何處理這件事？

教師們在二〇八份答卷中各抒己見，由於國家不同、民族不同，對這件事的處理自然就有很多種方式，最具代表性的方式一共有25種。

中國式的處理方式是：一是當面嚴肅批評，責令傑克兄弟寫出檢討；二是取消他們參加參加當年各種先進評比的資格；三是通知家長。

美國式的處理方式是：幽他一默，對兄弟倆說：假如今天上午不是考試而是吃冰淇淋和熱狗，你們的車就不會在路上爆胎了。

日本式的處理方式是：把兩兄弟分開，對他們分別進行詢問，老實坦白了的給予贊揚和獎勵，對說謊者給予嚴厲處罰。

英國式的處理方式是：小事一件，置之不理。

韓國式的處理方式是：把真相告訴全體學生和傑克們的家長，請家長對孩子嚴加監督，在全班開展討論，引以為戒。

新加坡式的處理方式是：讓他們自己打自己的嘴巴各10下。

俄羅斯式的處理方式是：給兄弟倆講一個關於說謊有害的故事，然後再問問他們倆：最近有沒有說過謊？

埃及式的處理方式是：讓他們向真主寫信，向真主敘述事情的真相。

巴西式的處理方式是：半年內不許他們在學校裡踢足球。

以色列式的處理方式是：提出三個問題，讓兄弟倆分別在兩個地方同時作答。三個問題是：一、你們的汽車爆的是哪個輪胎？二、你們在哪個維修店補胎？三、你們付了多少補胎費？

之後，活動主持者將這25種方式都送給前來參加活動的二〇八名學生們，請他們評出自己最喜歡的處理方式。結果，竟有高達91%的學生選擇了以色列式的處理方式。

在對活動進行總結的時候，這次活動的主持人表示，無論哪個國家和地區或者是哪種文化背景下成長的學生，他們都有著這個年齡段的孩子共同的特點，他們對事物的看法也有著相應的共同之處。既然絕大部分學生都認可以色列的方式，這說明以色列式的處理方式的確是最好的。對於孩子們來說，它最受歡迎，是因為它符合孩子們的心理特點，這種教育方式帶有遊戲性質，既讓孩子們能夠受到教育，又不會使他們感覺到難看和害怕。

看起來，猶太人積累了長達幾千年的教育經驗，促使孩子們喜歡學習，從中能得到樂趣。這使得他們的後代在學習上能達到最佳的效果。

猶太人生生不息的火種：知識和文化

當然，不管是經商也好，理財也好，僅僅具備商業知識是不夠的。猶太人一般擁有良好的教養，這種教養來自良好的學校教育和家庭教育。對於許多猶太人而言，他們的知識層面都比較豐富，這得益於他們在學校所受到的教育，當然也和他們注重終身教育的理念有關。「學習，學習，再學習」，猶太人在這方面可謂身體力行，他們好學的傳統一直延續了幾千年。

曾經有過這樣一個故事，讓人讀過之後不能不為之動容。那是發生在公元70年，也即距今近二千年的事情。凶殘的羅馬人入侵猶太人的國家，他們屠殺猶太民族，毀滅猶太文化，摧毀猶太人的建築，猶太人在那時候就遭到滅種的威脅。當羅馬軍隊將猶太人最後的城市耶路撒冷包圍起來，猶太人已面臨絕境時候，猶太人首先想到應該保留的，不是財寶，不是建築，不是武器和戰士，而是學校！

眼看耶路撒冷是守不住了，猶太人拉比約哈南作出了一個大膽的決定：親自出城去會見羅馬軍隊的統帥韋斯巴芗，告訴他一個驚人的消息。面對傲慢的韋斯巴芗，約哈南表現出無比的謙恭和尊重，他甚至說：「我對閣下和羅馬皇帝懷有同樣的敬意！」在皇權面前，任何孔武有力的將軍不過是皇帝的一粒棋子，韋斯巴芗深知這一點。他認為約哈南的話是荒謬的，如果被人知道了，會誤會自己有僭越之嫌。於是他做出憤怒的樣子，要對這位猶太人拉比進行懲罰。

然而，拉比卻以十分肯定的口氣對他說：

「我確定閣下將會成為下一任的羅馬皇帝！」

拉比是猶太人的智者，他代表普通的猶太人和上帝溝通。看著約哈南無比鎮定的樣子，韋斯巴芗相信了他的話，覺得他做出這樣的預言，一定是有根據的。於是，韋斯巴芗問約哈南這樣冒死前來羅馬軍營，除了告訴自己這個預言還有什麼其它的請求？約哈南以乞求的口氣說：

「我們沒有別的要求。我僅僅只有一個願望，那是唯一的願望，就是請求羅馬人能在耶路撒冷城破之後，給猶太人留下一所能容納十個拉比的學校，而且永遠不要破壞他。」

果然，正像約哈南所預言的，不久羅馬帝國的皇帝死了，韋斯巴芶當上了新任的羅馬皇帝。現代人回溯這段歷史，會認為它在很大程度上不過是巧合，但韋斯巴芶卻肯定認為這是猶太人拉比的先知先覺。於是，他信守與約哈南的約定，在羅馬人攻破猶太人的聖城耶路撒冷的時候，正式發布命令：給猶太人留下一所學校！這所學校，成為猶太人保留自己的文化，培養後代，滋養和壯大民族之魂的火種。

保存和繼承本民族文化，是一項不可推卸的責任

古代的猶太人由於重視自己的民族文化傳統，重視知識的傳授，使得民族的精神一直生生不息地傳承與光大，而現代的猶太民族也同樣把保存和繼

承本民族文化作為自己一項不可推卸的責任。

20世紀，尤其是20世紀的後半葉，隨著世界經濟發展提速，社會各個方面都在不斷加快交流和融合的速度，特別在美國這樣一個本是由多民族組成的國家，社會的融合與同化竟形成一股時代的潮流，首先對這一點表示出憂心忡忡的是猶太人。

猶太人在美國各個少數民族中屬於人數偏少的一類，大約六百萬左右，他們主要是19世紀中期開始從歐洲移民過來的。他們的文化、他們的民族傳統和精神、他們的聚合力使得這個人數偏少的少數民族在短短二百年的時間占據了美國社會的主流地位。上個世紀70年代，美國大學教授10％是猶太人，在那些一流大學，這個比例達到30％。猶太人口不過占美國社會總人口的3％，這個比例應當是相當驚人的。美國的富商中，猶太人占到了25％，猶太人在國會參、眾兩院中比例也很高，達到10～20％，在各少數民族中首屈一指。

由於有強大的經濟做後盾，所以他們的國會外圍的活動能力很強，這也是美國國會為什麼總是通過對以色列有利的決議案的重要原因之一。據權威統計，對美國歷史最有影響的二百名文化名人中，有一半是猶太人，而美國一共有一百多位學者、專家和文學家獲得諾貝爾獎，其中猶太人也占到將近一半。美國的電影業（好萊塢）由猶太人創建，最著名的報紙由猶太家族創辦，金融業更不用說，猶太民族的大亨幾乎是一統天下。

所以，有人這樣形容：美國的猶太人「控制著華爾街，統治著好萊塢，操縱著新聞界。」但是，畢竟美國是一個純粹西方化的國家，它的主要居民來自歐洲，他們的祖先是游牧民族。

所以，美國人從生活方式到思維方式，還是以西方傳統為主，這就與以古代家園在中東的猶太民族有著很大區別。為了與美國社會盡可能融合，猶太民族在許多方面也對自己的傳統和習俗進行了調適，比如把星期六的安息日改到星期天，從其它民族的文化當中吸收必要的能量等等。

但是，由於猶太民族在整個美國社會所占的比例太少，所以，他們擔心自己民族的文化最終會被美國的主流文化所同化。到猶太人在美國社會終於取得相當輝煌的成就的時候，他們竟然開始致力於恢復傳統文化。他們開設猶太語學校，創建「希伯來師範學院」，設立基金會，推出全美猶太青年教育計劃，出資並發起有關猶太人研究的項目，出版猶太人社區報刊等等。猶太人在美國建立了一千多個猶太教堂，也始終不間斷地延續著自己的宗教活動。這樣，猶太人一直以他們醒目的文化習性和標誌，維護著他們自己民族的特徵。

猶太母親對孩子的啟蒙教育

猶太人的習俗中有這樣規定：當你處於窮愁潦倒之際，不得不變賣物品以維生的時候，你首先應該賣的是金子、寶石、土地和房屋。而你家庭中所擁有的書籍，則不到萬不得已不可變賣。

一七三六年，猶太人制訂了一項與書籍有關的法律：當有人借書的時候，如果書本的擁有者拒不出借，便是違法，應處以很重的罰金——這如果不是唯一的話，也是人類有史以來第一部關於書籍的立法。

古代猶太人甚至還說，假如你有一本好書，即使你的敵人要借的話，你也必須借給他，否則你就會成為知性的敵人。猶太人嗜書如命的特點由此得到證明。一直過著顛沛流離生活的猶太人，一切都可放棄，卻絕對不肯放棄書籍，不肯放棄知識的源泉，不肯放棄讀書的習慣，這在其它各民族當中，幾乎是絕無僅有的。

猶太人愛書重教，目的當然是為了生存。因為，對一個時時處於流離狀態的民族而言，一切都可能被掠奪，惟有腦海裡的知識不會被掠奪；一切都可能喪失，惟有學到的本領不會喪失。

有這樣一位猶太母親向自己的孩子提問：

「假如有一天，你的房子被燒毀了，財產也被搶光了，你將會帶什麼東西逃跑呢？」

孩子尚小，不懂得母親的用意，他回答：「當然是錢和珠寶。」

母親又問：「有一種沒有形狀，沒有顏色，沒有氣味的東西，你知道是什麼嗎？」

孩子回答說：「空氣。」

母親再問：「空氣固然重要，但是它無處不有，所以也並不需要你攜帶。孩子，萬一到了那個時候，你需要帶走的東西，既不是錢，也不是鑽石珠寶，而是知識。因為惟有知識是任何人也搶奪不走的。只要你活著，知識就永遠跟隨著你，無論走到什麼地方都不會喪失。」

這就是猶太母親對孩子所進行的一次啟蒙教育。

學者比國王更偉大

無論是歐洲還是亞洲，在中世紀裡，讀書還只是少數人的特權，大多數普通人都是文盲，他們沒有讀書的權利，也沒有讀書的條件。可是，猶太人卻從公元11世紀開始，就在本民族當中基本消滅了文盲。猶太人採取的一項制度是實行「什一金」，只要是猶太人，不管是誰，也不管你的生活水平如何，哪怕你就是接受施拾的窮人，也必須捐出你的全部所得的十分之一，來供做整個民族的教育之用。高學識形成的肯定是高智商，猶太人歷來在理財致富的道路上優於其它民族就可以理解了。

猶太人在20世紀中葉重新建國以後，他們終於具備了以國家的名義繼續發揮本民族優良傳統的條件。以色列成立伊始，就頒布了《義務教育法》，一九五三年又頒布《國家教育法》，到一九六九年，又頒布《學校審查法》，他們就是要以法律的手段，保證民族受教育的權利不會中斷，保持民族素質始終能夠跟上社會，跟上時代的發展和變化。據說，猶太人在教育上的投入是世界上最高的，投入經費一直不低於國民生產總值的8%，而直到現在，世界上各個國家在教育經費上的平均投入仍為4％。據聯合國科教文組織所作的調查，國際上對基礎教育的投入每年只有15億美元，而要實現聯合國提出的到二〇一五年在全世界普及小學教育的目標，每年至少需要投入56億美元才行。比起猶太人，世界絕大多數國家都無法在人才上與他們競爭，就不言而喻了。

還有一個例子。像美國、俄國和英國等大國的領袖，一旦卸任，不可能再去政府裡擔任低一職級的職務。而曾任以色列總統的伊扎克•納馮在從總統崗位上下來後，卻心甘情願去擔任政府的教育部長。教師的地位在以色列民族中的地位是很高的，他們甚至有「學者比國王更偉大」的說法。

《塔木德》裡有這樣的話：寧可變賣所有的東西，也要把女兒嫁給學者；為了要娶得學者的女兒，就是喪失所有的一切也無所謂。假如父親和拉比一起坐牢，做孩子的有這個能力加以營救的話，應當先救老師——也就是拉比。由此可知，「尊重知識，尊重人才」這一認知，在猶太人那兒早已成為不可移易的理念。

在希伯來語中，教師、雙親和山的發音十分接近。猶太人稱雙親為「赫里姆」；稱山為「哈里姆」；稱教師為「奧里姆」。我們可以這樣來理解，猶太人就是把教師看做和父母一樣的重要，和大山一樣偉大。

一部舊打字機和一部《義務教育法》

要說以色列的《義務教育法》，它的產生並不像我們剛才講述的那樣容易。以色列建國的時候，國力弱到我們今天都不敢想像。那時，以色列的教育部唯一的資產就是一架舊打字機。可是，以色列第一任教育部長卻提出，要在以色列實行義務教育，要「強迫」3～15歲的孩子接受免費教育。當時擔任教育部秘書的艾德勒都不敢相信部長的話……

可是，教育部長蓋爾卻堅定地對艾德勒說：

「是的，免費！」蓋爾的想法是，「我們處在敵人的四面包圍之中，我們必須盡快培養高素質的人才，只有這樣才能對付數十倍於我們的敵人。」

當時，第一次中東戰爭還在進行，以色列就連作戰經費都是由山姆大叔援助的。但蓋爾卻和教育部的官員一起，起草這部對以色列來說具有遠大意義的《義務教育法》。

在蓋爾的腦海裡，以色列還要建設一座歷史博物館，讓孩子們從小就知道，三千年前猶太人的聖殿被羅馬人毀掉的悲劇，讓他們知道在二戰中猶太人被大肆屠殺的事實，知道那些毒氣室、骷髏、鮮血和希特勒，還要讓他們明白，以色列是猶太人最早居住的地方，猶太人沒有別的地方可去。

以色列的第一部《義務教育法》，是在戰爭中起草，在戰爭結束的時候，用那架唯一的舊打字機打出來的。

由於有了這部《義務教育法》，以色列的人幾乎百分之百地接受過教育，這個國家的高科技人才、教授、醫生等的人均數遠遠高於世界上其它國家。所以，以色列人會驕傲地說：以色列的《義務教育法》，它的產生並不像我們剛才講述的那樣容易。

「我們國家資源缺乏，但我們有的是陽光、沙漠，以及大腦。」

學識淵博的人賺錢更有把握

學識淵博的人賺錢更有把握，這句話可不是憑空說的，中國歷史上最為有名的商人范蠡，就是一個具有淵博知識的人。他最早是楚國的大夫，但由於楚平王不重視人才，他便逃到越國去了。他憑著自己的知識和智慧，幫助越王勾踐恢復了被吳國占領的國土，並將吳國滅了，吳王因此而被迫自殺。

范蠡既有豐富的治理國家的經驗，又懂得音樂、舞蹈（他曾對吳國施用美人計，親自挑選一批越國少女，並加以調教），當然也懂得軍事。他對農業、商業、冶煉等方面的知識都很精通，還懂得醫藥方面的學問。他很善於研究和分析人的心理，用現在的話來說，可算得上心理學專家。

正是具有如此豐富的學識，所以他在幫助越王打敗吳國後，很清楚地看到了越王勾踐只能共甘苦，不能同富貴的內心世界，於是毅然放棄越王許諾給他的種種優越待遇和榮譽，離開越國去浪跡江湖。他隱名埋姓，改稱陶朱公，開始了經商活動。不過短短幾年，就積累了大量的財富，行裡的人都知道江湖上有這麼個經商高手。范蠡經商並不是為了賺錢，而純粹是為了找一種帶排遣性質的生活方式。范蠡手上的錢太多了，以至引起包括諸侯們的重視。有人勸他：這樣容易惹禍。於是他就把賺的錢統統散發給別人，自己一點也不留。他相信只要自己願意，賺錢就像每天吃飯穿衣一樣，是非常簡單的事。他把錢分給了別人，自己又從頭開始。沒過幾年，他的財富又聚集到原先一樣多。

司馬遷寫《史記》的時候，寫了他如何分析和準確把握別人心理的情節，而他的這種能力都是建立在具有豐富的相應知識上面的。

猶太人經商也有同樣的特點。他們懂得，在與人談生意的時候，你知道得越多，當然考慮問題就更全面，思路也就越能夠展開，談判的主動性就更大。「知識和金錢成正比」——這是猶太人的一種信念。

曾經有經常與猶太人打交道的日本人這樣看猶太商人：他們很健談，話題總是很多，而且涉及到各個領域。大到世界政治、環境保護、人類生存，小到假日休閒、日常消遣；長到世界歷史、民族發展，短到近日新聞，幾乎是無所不知，無所不曉。連這些與經商沒有多少直接關係的信息他們都知道，那麼與生意有關的知識就更是掌握得很全面了。

一個日本商人一次與猶太商人談鑽石生意，談著談著，那個猶太商人突然問了他一句：

「你知道大西洋海底有哪些特殊的魚類嗎？」

日本商人平時哪裡關心到這個，當然回答不出。後來他回想這件事才明白，那個猶太商人實際上是在檢驗他的知識面。如果他連這樣生僻的知識都了解的話，那麼他對鑽石方面的情報肯定就掌握得十分細致了。

學識淵博還有一個用處，就是一般而言，學識淵博的人往往更有教養，更有理性，也更有信譽，更能獲得別人的尊重。商人雖然渾身充滿銅臭味，但從某個角度講，商業文明卻是必須建立在學問和知識的基礎上的。

善於向優秀的人學習

學習不光是指的對於書本知識的學習，還包括對於你身邊的人的學習。從朋友當中，從周圍的人群當中能學到很多你無法親身體驗的經歷，讓你迅速成長起來。

創造了一個龐大的飯店帝國的希爾頓在15歲的時候，聽說了海倫・凱勒的故事。海倫・凱勒是希爾頓的同時代人，她的個人經歷非常不幸，她出生的第二年，就成為一個又瞎、又聾、又啞的姑娘，從小生活在無光、無聲的世界裡。可是，這樣一位姑娘，卻憑著自己的驚人的毅力，走過異常艱辛的人生道路，完成了從小學到中學的學業，甚至考上了雷多克利夫學院，她的精神感動了當時的美國人，被人們稱為世界「第八奇蹟」。

希爾頓在自己的日記本上抄錄下海倫・凱勒的名言：「樂觀是通向成功的橋梁，沒有希望就一事無成。」

從此，他按照這句話去努力實踐，也成就了一番傑出的事業。

在美國，還有一位叫阿瑟・華卡的猶太少年，他在雜誌上讀到某大實業家的成功故事，心情非常激動，專門跑到這位實業家所在的紐約市，去拜訪他。早上7點，那裡還沒有開始辦公，他就上了門，見到了報上介紹的那位亞斯達先生。亞斯達起初覺得這位少年太冒昧，但弄明白他的來意後，便開始喜歡他的這股子精神，他表情柔和地和這位少年交談，竟然一見如故地談了一個小時。這位少年極想知道：怎樣才能賺到百萬美元？

亞斯達告訴他：你還應該去訪問其他實業界的名人，並為他親自做介紹。華卡通過亞斯達的幫助，居然遍訪了紐約一流的商人、總編輯和銀行家。華卡的行為不是盲目的衝動，他的學習是真誠的，當然也是有效的。僅僅過了六、七年，在他24歲的時候，他就擁有了自己的百萬資產。

曾經當過美國印地安納州一個小鄉鎮上的鐵道電信事務所的小雇員的懷特後來成為西部合同電信公司的經理、俄亥俄州鐵路局局長。他的兒子開始上學時，他給兒子的忠告就是：「在學校要和一流人物結交，有能力的人不管做什麼都會成功。」

懷特的「教子經」當然來自於他自己的人生體驗。

教育的重要性在於學會思考

大名鼎鼎的微軟公司，是世界上發展最成功的企業。微軟創始人比爾・蓋茨所開創的事業不僅為世界現代科技和人們工作、生活方式的發展、進步做出了巨大貢獻，也是他本人成為當代的世界首富。比爾・蓋茨不是猶太人，但他的最親密的搭檔，精力四射，活躍異常，有「猴人」之稱的史蒂夫・鮑爾默卻是半個猶太人。

史蒂夫・鮑爾默和比爾・蓋茨是哈佛大學的同學。比爾・蓋茨中途退學去開創自己的事業，史蒂夫・鮑爾默則是繼續著他的學業。他以優異的成績獲得哈佛大學的經濟學和數學學士學位，兩年後，又到史丹佛商業學院攻讀MBA。比爾・蓋茨的事業剛剛起步，比起美國那些世界著名的大公司來，他那個設在西雅圖的電腦公司尚屬無名之輩。一九八〇年，比爾・蓋茨給這位當年的同學打來一個電話，話沒明說，但意思卻表達得很清楚，就是邀請史蒂夫・鮑爾默他加盟自己的公司。在考慮了兩天之後，史蒂夫・鮑爾默給比爾・蓋茨回電話，答應和他一起去共同打天下。

答應了老同學的請求，比爾・蓋茨當然很高興，可是自己的父親卻不理解。史蒂夫・鮑爾默從哈佛這個世界一流的大學畢業，又正讀著熱門的史丹佛大學的MBA，將來無論想進哪家著名公司，都輕而易舉，可現在卻居然要去給那個年僅24歲的毛頭小伙子打工，是不是腦子進水了？史蒂夫・鮑爾默當然是想方設法說服了父親。

他自己是這麼想的：一個人求學的目的是什麼？不是單純的為了學歷，也不單是為將來有個穩定的職業。求學最主要的目的是要能夠成就一番事業，「經歷、觀察，並強迫自己分析不同的問題……」美國的教育固然很重視這些能力的培養，可是真正的鍛煉和收獲必須來自於社會實踐，史蒂夫・鮑爾默做出自己的選擇正是經過了一番仔細思考的。他加入比爾・蓋茨的行列，正是清醒地分析了世界科技和經濟發展走勢，認為比爾・蓋茨的事業一定能夠代表未來。

當然，他和比爾・蓋茨還有一個共同的想法，就是，教育不光是在校園裡進行的，更重要的是在人生的事業中進行的。於是，他在讀研期間放棄學業，選擇了和比爾・蓋茨並肩創業的道路。

在微軟工作期間，他成為了比爾・蓋茨的最佳拍檔，先後主管過運營、運營發展、銷售與客戶服務等業務，一九九八年，他被比爾・蓋茨任命為微軟公司的總經理，二〇〇〇年擔任公司的CEO，全權負責公司的管理，他向全世界傳播微軟公司的理念：「通過先進的軟體使人們獲得力量——隨時隨地，在任何設備之上。」

史蒂夫・鮑爾默獲得的教育是成功的，因為他通過思考做出了自己的選擇，又在事業的拓展中鍛煉了自己的思考能力。他的觀點是：「教育的重要性在於學會思考，而不是題目、學科的累加。」

終身學習的傳統

現在，隨著知識更新速度的加快和信息爆炸時代的到來，美國一些專家提出了終身學習和終身教育的理念。而終身學習對於猶太人來說，似乎很早就是不言而喻的事了。

在很早很早以前，有一個基督徒（基督教雖然為猶太人所創立，但由於它在歐洲大陸上的迅速普及，非猶太民族的基督徒已遠遠超過的猶太人的人數）來到一個街鎮。他想雇用一輛馬車，便外出尋找。在一個街區的拐角處，他看見有一排等待外雇的馬車停在那兒，但駕車的車夫卻一個都不在。他問正在路邊玩耍的小孩，車夫都到哪兒去了。小孩手指著街巷深處說，都在車夫俱樂部裡呢。按照小孩的指引，他走進街巷裡邊，找到所謂的車夫俱樂部。原來，在這兒的車夫都是猶太人。在一間狹窄的屋子裡，所有的車夫們正聚在一起學習《塔木德》。雖說那時學的是經書，但隨著時代的發展，學習的內容變了，猶太人恪守的習慣卻沒有變。

後來，大家都知道，在紐約布魯克林區的威利阿姆，有猶太人舉辦的各種各樣的知識講座，許多成年猶太人在忙完一天的工作之後，都會在吃完晚飯後，又趕到那裡學習、充電，以色列的各個大學也都替成人開辦了各種補習和培訓班。

由於文化素質普遍較高，猶太民族和別的民族有一個顯著的區別，就是世界上任何民族，幾乎都存在著非常明顯的貧富差別。富者家可敵國，貧者無立錐之地。這裡面當然存在著剝削、機遇以及命運不同的原因，但由不同知識背景決定的個人能力的差別，不能不說是導致這種現象的重要原因之一。而猶太人那兒卻少有這樣的差別。一般的猶太人家庭都能夠過上小康的生活，世界上知名的大富豪中，出身猶太民族的更是不在少數。

第3章

動作迅疾，把握良機

——行動力

只有快，才能搶占制高點

一個優柔寡斷的人是很難賺到大錢的，只有洞察先機，行動敏捷，才有可能在激烈的競爭中獲得勝利。這就像在拳擊場上一樣，不論你有多好的素質，多高的水準，多硬的工夫，但是你的動作不夠敏捷的話，就把握不住那稍瞬即逝的機會。猶太人在這方面的才能，可以說是訓練有素的。

巴魯克，著名的美國猶太實業家，他在30歲的時候就成為讓人羨慕的百萬富翁。他知識豐富，聰明過人，曾被美國政府委以多項重任。說起他的發跡，不能不歸功於他那迅速行動的能力。那還是在一八九八年的時候，年輕的巴魯克尚和父母親住在一起。當時，正在迅速崛起的美國和老牌帝國主義國家西班牙進行了一場戰爭。西班牙那一度百戰百勝，威名遠揚的艦隊遠征美洲，卻在聖地亞哥附近被美國海軍一舉戰敗。

這天晚上，巴魯克從廣播裡面聽到了這一消息，知道各地證券市場的美國股票將會大幅度上揚，於是連夜朝自己的辦公室趕去。其實，第二天是星期一，按照美國證券交易市場的規矩，星期一是不開盤的，但英國的證券市場卻會照常營業。他這麼著急地趕回去，就是要通過長途通信著手運作自己的股票資金。可是，時間實在是太晚了，通往紐約的客運火車已經沒有班次。巴魯克毫不猶豫地租下一列專車，終於在黎明之前趕到自己的辦公室。當倫敦股市開始交易的時候，他果斷地賣出買進，做成了幾筆「大生意」。他的財產就此大幅升值，而他也就此打下了名氣。

通過巴魯克的行為，我們可以反省一下自己——

首先：你能從一條與經濟沒有任何直接關係的新聞中，獲得自己致富的信息嗎？

第二：你獲得了這條信息，能夠立刻做出相應的決策嗎？

第三：既然你做出了決策，你能夠馬上付諸行動，而不是按照正常的作息規律行事嗎？

第四：你開始行動了，但是在行動受到阻礙的時候，能夠有辦法一一克服那些阻礙嗎？

實際上，巴魯克在面對第四個問題時，所克服的障礙用的是超常規的思考。因為如果不是果斷地租用火車的話，那麼他就不可能及時趕回自己的辦公地點；如果按照本地正常的交易時間，那他也就不可能在第一時間裡完成自己的交易。現在回過頭來看巴魯克的採取的措施，覺得似乎並沒有什麼特別，但是在當時，正是這些措施讓他完成了果決而迅速的決策。

以後，有人在談到巴魯克的經商經歷時說，正是由於他總是能夠比別人更早一步，所以便總是能夠及時搶占制高點。

巴魯克的技巧得自傳承

其實，巴魯克的智慧並不是先天而生的，應該說，這是猶太人善於學習和繼承前人（成功人士）的經驗法則。按照他自己的說法，他的這種「技巧」來自於對早年居住在英國的猶太商人羅斯柴爾德家族的學習。

有一個長年在歐洲從事商業活動的猶太人家族——羅斯柴爾德家族（這個家族曾因為廣泛從事慈善事業而被英國王室授予爵位），之所以能夠獲得巨大的成功，就是因為它們總是能把握機會，以行動來說話，以行動來對局勢做出自己快速的反應。

那還是在19世紀初期的時候，當時，著名的法國皇帝拿破崙在整個歐洲東征西討，以他過人的膽識和謀略取得了許多場戰爭的勝利。後來，歐洲國家組成聯軍，共同對付想稱霸整個歐洲的小個子拿破崙的法國軍隊。起初，由英國將領威靈頓擔任統帥的聯軍作戰並不十分順利。威靈頓在比利時發動了一場戰役，企圖對法軍進行圍殲，但戰鬥很不順手，屢有聯軍戰敗的消息傳到各個國家的首都，讓那些焦急等待著戰爭結果的商人們眉頭緊鎖。

由於拿破崙的威名，由於法軍歷來的戰績，加上不斷傳來的消息總是讓人掃興，大家實際上對於聯軍獲勝的信心並不大。由於這場戰爭由英國「領銜」作戰，戰事不利，對英國的國際聲望和英國的商業股票影響不小，歐洲證券市場上，英國的股票一直處於疲軟狀態。羅氏家族中威望甚高的納坦・羅斯柴爾德很冷靜地注視著戰事的發展。為了及時把握戰局的變化，他甚至親自渡過英吉利海峽，來到前線，緊隨著聯軍的作戰行動。當然，他的奔赴前線，不是為了捕捉戰機，而是在捕捉自己的商機。

終於，震驚整個歐洲，並由此扭轉了時代發展方向的著名的滑鐵盧戰役打響了。此時，羅斯柴爾德本人就在硝煙彌漫的戰場上。滑鐵盧戰役的經過是那樣驚心動魄，它的形勢演變又是那樣風雲莫測。兩軍對壘，命懸一線。就在聯軍幾乎要頂不住的時候，法軍也已經是強弩之末。由於一位法軍將領過度拘泥於統帥的指令，聽到遠處清晰可聞的隆隆炮聲竟不敢率兵增援，以至前線法軍軍力衰竭，最終全軍崩潰。

聯軍獲勝的消息剛剛得到證實，羅斯柴爾德就馬上派人到歐洲各證券交易所，將英國股票大量吃進。幾個小時之後，各國政府才來得及正式對外宣布滑鐵盧大戰的結果。此時，隨著英國股票的直線上揚，羅斯柴爾德家族轉眼之間增添了大筆的財富。

不是大的吃小的，而是快的吃慢的

「在當今世界上，不再是大的吃掉小的，而是快的吃掉慢的。」這是一位網路系統總裁所總結的話。快，表示速度，表示機變，表示敏捷，它是行動力的典型體現。兵法上有一句話，叫「兵貴神速」，只有迅雷不及掩耳，才能先發制人，奪得先機。

猶太人在歷史上雖然很少與別的民族發生大規模衝突（尤其是在他們被迫流散之後），但自從第二次世界大戰以後，猶太人回到巴勒斯坦地區重建以色列國，他們和周邊的阿拉伯國家倒是多次發生戰爭。每次戰爭，以色列都以勝利而告終，這其中固然有以色列民族團結、軍隊素質高等因素，但他們以快制勝的戰略戰術也的確起到了相當大的作用。比如，發生於一九六七年的中東六日戰爭就是如此。那一次，以色列空軍從地中海低空飛入埃及，躲過埃及的防空雷達，在轉眼之間，將埃及境內十幾個機場內的數百架飛機幾乎全部炸毀，取得了這場戰爭的制空權。結果，埃及在區區幾個回合之後，便不得不投降了。

在周圍盡皆被敵對的阿拉伯和伊斯蘭國家包圍的情況下，以色列國家的處境很不穩定，總是在一種隨時可能發生危機的狀態中。因此，以色列對付潛在危機的方法，也往往是先發制人。當年伊拉克在薩達姆•海珊統治時期，曾極力發展核武器，企圖在常規武器無法取得對以色列戰爭的勝利的情況下，以核武器來對其進行威懾。就在伊拉克的原子彈即將研制成功的前夕，以色列經過精心準備，在某天派出經過偽裝的飛機長途奔襲，直達目的地，一舉將伊拉克的核設施完全炸毀。此後，海珊在很長的時間裡無法再建立自己的核力量。

「面對不確定與敵意時，運用速度，出其不意，集中作戰力量猛力打擊敵人弱點，以求用最少的資源支出，達到最大的衝擊效應。」據說，這是美國海軍陸戰隊的戰術技巧和戰鬥規則，而商戰上的法則與此如出一轍。

亞默爾如何捕捉商機

菲力浦・亞默爾在美國從事肉類加工生意，這個行業一直是猶太人的老領地。亞默爾做生意的時候，不像有些老板，一天到晚忙得腳後跟打後腦勺，他時常會靜下心來，讀讀書，看看報紙。這一天早晨，他和平時一樣，坐在自己的辦公室裡，隨意地瀏覽著當天的報紙，突然，被裡面一條不起眼的百字新聞給吸引了。那條新聞上說：墨西哥被懷疑正發生畜類瘟疫！

亞默爾的神經立刻被觸動了：如果墨西哥發生瘟疫，要不了多久，就會傳染到美國與之鄰近的加利福尼亞州和德克薩斯州，而加州德州是美國的主要畜類產區，一旦這兩個州發生畜類瘟疫的話，整個美國的肉類供應就會發生危機。報紙上所說究竟是否事實？亞默爾沒有立刻肯定，而是派人專門前往墨西哥進行調查。調查人員回來報告說：不錯，那裡的確正在發生瘟疫。

聽完匯報，亞默爾立刻採取行動，集中大筆資金購買加州和德州的肉牛和生豬，並將它們運到遠離這兩個州的東部去飼養。

僅僅過了兩、三個星期，在墨西哥發生的畜類瘟疫穿越國境線，果然傳染到美國境內，這一下，引起了美國政府的恐慌。政府下令，嚴禁從聯邦西部的州調運肉類產品進入東部地區。

馬上，美國市場肉類奇缺，價格暴漲。這個時候，亞默爾事先的預謀有了功效了。他從容不迫地將囤積在東部的那些肉牛和生豬宰殺之後上市，短短三個月時間，淨賺九百萬美元——這一年，是一八七五年，這個時期的美元與現在的美元比值是萬元也就相當於今天的一億三千萬！

亞默爾有個習慣，不僅自己親自瀏覽當天的各地報紙，還專門指派幾個人替他收集報紙上的各類信息。這些人每天的任務之一是，將全世界包括美國、英國、日本等國家出版的好幾十份主要報紙的內容細加閱讀，然後將裡面有價值的信息分門別類整理出來，供公司決策參考。這種做法，讓亞默爾屢屢獲得成功。

哈默這樣搶得先機

行動的成功是與準確的判斷和可靠的信息結合在一起的，否則就會成為無的放矢。曾經被稱為美國的「紅色資本家」，但同時也被稱為「點石成金的萬能商人」的哈默，他的成功就體現在這裡。

上個世紀早期，俄國發生了十月革命，西方各資本主義國家都將列寧領導的紅色蘇維埃政權視為洪水猛獸，不願與之來往，但是作為商人的哈默卻與各國政要們不同。他的眼睛盯住的不是意識形態，而是掙錢的機會。

他根據自己掌握的情報，認為蘇聯很有可能需要大量的糧食，於是準備從這方面入手，到蘇聯去一筆做生意。可是，別的人卻暗自嘲笑這位哈默，他們認為，俄羅斯一直是一個傳統的農業國家，從來就生產大量的小麥等糧食作物，不可能會從外國進口糧食的。哈默作為第一個西方國家的商人到了蘇聯，發現那裡由於戰亂、瘟疫以及對新生的政權地位穩固性的懷疑，不少農民不肯把自己種的糧食賣出去，而是藏在家裡。而城市等一些地方卻由於糧食緊缺，正在發生嚴重的飢荒。

哈默看出，蘇聯急需要進口大批糧食，他主動把自己的想法與蘇維埃政府談了，官方對此很感興趣，列寧還親自接見了這位來自敵對國家美國的資本家。就這樣，哈默從美國運來糧食，解決了蘇維埃的暫時困難，而他本人也借此機會賺了一筆。

在做糧食生意的時候，哈默聽說蘇維埃正在發動一場全國性的掃盲運動，他又準確估計到蘇聯會需要大量的鉛筆，於是決定在蘇聯國內辦一家鉛筆廠。當時，他的朋友都一位他昏了頭。但是，哈默卻相信自己的判斷。果然不出所料，鉛筆廠開辦後，正好趕上了好時機。雖然一枝鉛筆只賣2美分，但由於銷售量十分大，頭一年，他就賺得純利潤二百五十萬美元，第二年盈利增加到四百萬美元。他的決策給他帶來了豐厚的利潤。

在做這些生意的同時，他還發現蘇聯境內大量堆積的皮毛、寶石、白金、木材、礦石等等貨物因為與外界斷絕溝通而無法出口，哈默於是順帶又做起了這方面的生意，他個人的財富很快積累起來。在與新生的蘇維埃國家做生意上，正因為哈默是第一個行動的人，所以才占據了有利位置，奪得了先機。後來，別的商人醒悟的時候，只能通過哈默作為代理，來溝通他們與蘇聯之間的關係。

作為一個有著超前眼光的商人，哈默的成功不是偶然的。他每每能從別人未曾了料到的地方著眼，搶占先機。

一九一九年，美國議院曾經通過一項法案，規定釀酒商不得釀造和銷售酒精含量超過千分之五的飲料，這項被稱為《沃爾斯德台案》的法案實際上等同於禁酒令。法案一直沿用了20多年，直到一九三四年，羅斯福擔任總統後，情況才發生變化。

其實，羅斯福上台的時候，並沒有說要放開禁酒令，哈默不過是憑他的敏感預測到這一點的。當時，美國正經歷空前的經濟危機，羅斯福必須採取果斷措施扭轉經濟衰退的景象。上台伊始，他就相繼頒布了一系列新政措施，以刺激經濟發展。

禁酒令的施行，對於美國的釀酒業是一種嚴重的抑制，假如放開禁令的話，這可以成為美國經濟一個重大的增長點，哈默從羅斯福執政的角度考慮，他應該會撤消禁令。如果禁酒令被廢除，釀酒業會形成一個空前的高潮，到時候，國內將會對裝酒的木桶產生大量需求。於是，哈默預先從俄羅斯預定了幾船白橡木製作的桶板。可是，俄國人粗心大意，他們運過來的不是桶板，僅僅是一塊塊晾乾了的白橡木。哈默等不及追究責任，馬上雇人加工這些橡木，將其製作成一個個木桶。當哈默的木桶開始下線的時候，總統果真頒發了廢除禁酒令的文告，這時，哈默的酒桶成為各個酒廠的搶手貨而供不應求。哈默利用這個機會發了一筆大財。

後來，美國一家釀酒公司發行股票，這家公司為使股票發行盡可能的大量一些，搞了配送制，就是說，誰要是買一份股票，就贈送一桶烈性威士忌作為股息。這時，正值第二次世界大戰爆發時期，為了支援歐洲國家抗擊德國入侵，美國政府將大量物資運送到歐洲英國和蘇聯，穀物由於不足而被列為緊俏商品，不允許酒廠用穀物造酒。這個時候，哈默手上的那批威士忌酒成為搶手貨。但是，哈默卻沒有趁機將這些威士忌立即賣掉，而是囤積起來。他將其中一批酒改裝成零售包裝，賺了一大筆錢，後來又按照一位化學工程師教的辦法，將剩下的酒兌進80%的酒精，盡管兌了酒精的威士忌已經不再純正，但由於當時酒的供應那樣緊張，即使是這樣的酒也很受人們歡迎，因此，他的一份酒竟然賺了五倍的錢。

再後來，酒精又成為十分緊張的軍需用品，政府又開始禁止酒精的民用范圍，特別是飲用酒精更是在禁止之列。哈默想了一個辦法，通過關係找到有關當局，批准他用馬鈴薯來生產酒精，作為釀造飲用酒的原料，他還給自己生產的這種酒取了個好名字：金幣威士忌。金幣威士忌投放市場，受到那些酒徒的熱烈喜愛，這樣，他的生意不但沒有被抑制，反而一再擴大。

一九四四年間，美國政府一度頒發政令，允許用小麥釀酒，不少人以為從此酒的供應將不會緊缺了，但哈默卻仍然抓緊生產他的馬鈴薯酒。果然，政府的「穀物開放期」只維持了短短的一個月就停了下來，哈默的酒又成為酒徒們搶購的對象。就這樣，一個個的機遇來到眼前，紛紛被他抓住，哈默這個釀酒業的新手，一躍成為全國第二大的酒類生產廠商。

行動是可以倒過來的

所謂倒過來行動，並不是倒行逆施的意思，而是說，可以把行動的過程倒置未完成，這樣做的目的，當然是為了使行動更迅速，更主動，也更順利、更完美。

由於汽車產量不斷提高，其銷售也從過去必須配給的賣方市場朝買方市場轉變。因此，汽車——尤其是家庭用轎車的銷售策略，也就成為汽車廠家必須研究的重要問題。轎車的銷售，常用的一種形式是進行展銷。在展銷的時候，各種新款車型紛紛亮相，給顧客們帶來不同的新奇感和驚喜感。在這些方面做得越好的廠家，當然銷售方面也就會越成功。

西方的汽車工業在上個世紀中葉，就已經展開的激烈的市場爭奪戰。20世紀60年代的時候，美國著名的福特汽車公司為了在競爭中擊敗對手，便在開發新車型上下功夫。當時，福特公司一家分公司有一位名叫艾科卡的副總經理，他力圖改善公司業績，創造銷售奇跡。為此，他主持研究開發了一款嶄新的福特轎車，他認為，這種設計大膽而新穎的轎車，一定能得到市場的歡迎。可是，一年一度的大規模汽車營銷季節不久就要開始了，而這款新型轎車還僅僅躺在圖紙上。

圖紙上的「轎車」，哪怕你設計得再好看，你的設計理念再新穎，如果沒有樣車能夠讓顧客親手試著開一開的話，顧客是無論如何也不可能接受你的。不光是顧客，還有汽車交易商。假如汽車交易商不能夠提前看到你的車型，不能夠對你新設計的車感興趣的話，一切也都會泡湯。

艾科卡深知這個道理。可是，以他的身份，他卻無法按照常規來部署這件事，因為，他畢竟只是一位副總經理。他有著強烈的競爭意識和責任感，他不願被動地等待、聽天由命。於是他想了一個辦法，就是將整個汽車生產流程倒過來：先定下轎車下線的最後期限，然後再分解時間，來安排生產程序。他先將目標徵得總部的同意，再運用總部的指示來調度全部的人力、設備和原材料，就這樣，僅僅過了幾個月，福特公司的新型「野馬」轎車開下了流水線，順利進入了銷售商的展車室。當「野馬」轎車在整個美洲風行一時的時候，艾科卡先生也從分公司的副總躍升為整個集團的副總裁。

在發現者眼裡，機會遍地都是

我們經常會聽到一些想致富、想發財的人感嘆：我偏偏這麼倒楣，總是與財神無緣相遇，幸運女神總是光顧別人那裡，對我卻從不關照。眼睜睜地看著機會跑到別人那裡去，別人紛紛下到河裡撈魚去了，而自己只能站在河邊乾瞪眼。

這種怨天尤人的情緒，是那些缺乏眼力的人所擁有的。但是，對那些善於發現者來說，發財的機會簡直遍地都是，你可以俯首即拾。不相信，講一個菲勒的故事給你聽。

菲勒從小生長在一個貧民窟裡。他小的時候，性格和一般的孩子沒什麼兩樣，喜歡打架、逃學、調皮搗蛋、爭強好勝，這些似乎都算不了什麼特殊。但有一樣，他和別的孩子不一樣，那就是，他天生有一種掙錢的本能。有一次，他在街上揀到別人丟棄的玩具車，回來後自己想辦法修好，然後帶到學校裡去，給別的孩子玩。但是，他不是出借，而是出租，同學們想玩車可以，每人每次收取五毛錢。僅僅一個星期之後，他就掙來了一輛新的玩具車。中學畢業後，菲勒因為家裡窮，沒錢繼續讀書，便走上街頭，當起了一名小販。他在街頭賣小五金、賣電池、賣檸檬水，賣什麼都賺錢，讓別的小販羨慕不已。

有一次，菲勒收了工到酒店去歇一下，無意中聽見幾名來自日本的海員正在那裡向酒吧服務員講述一件事，說是從日本來的一艘貨船在海上遇到風暴，一船的絲綢全部被海浪浸濕，絲綢上面的顏色互相浸染，弄成了大花臉，已經無法銷售，船長正為這件事大傷腦筋。扔到港口嘛，怕遭來罰款，運回日本嘛，又是一船廢物，只好打算在回去的途中扔到大海裡算了。酒吧服務員和旁的人聽了後都嘖嘖感嘆，認為這麼好的東西變成廢物太可惜，只有菲勒從中看到了財神在向自己招手。他馬上找到船長，說自己願意免費幫助他們處理這批絲綢，不收一分錢處理費。船長大喜，馬上讓他帶車來將絲綢運下船去。菲勒接收了這批重達一噸之多的絲綢，用來製作成迷彩服裝、迷彩領帶和迷彩帽子，竟然十分暢銷。

就這樣，小販菲勒一下子進帳10幾萬美元。再後來，他到郊外買了一塊土地，出價10萬美元，讓地皮的主人高興得合不攏嘴，心裡以為自己遇到了冤大頭呢。沒想到僅僅過了一年，這邊成了環城高速路的必經之地，那塊地的價格一下飆升了一百五十倍，有個富翁甚至願意出二千萬美元買下它，可菲勒還想待價而沽。又過了三年，等這塊地漲到了二千五百萬美元的時候，菲勒才將它出手。僅這一次，菲勒賺了整整二百五十倍的差價。後來，別人以為他是通過市政府的關係弄到了內部消息，可調查來調查去，竟發現他沒有任何朋友在市政府做事，這才不得不佩服他的眼光。

到他臨死的時候，他還在報紙上發布消息，說是願意給失去親人的人帶口信去天堂，又說願意和一位有教養的女士共用一個墓穴，竟然又賺到了15萬美元。可以說，菲勒並沒有什麼特別的機遇光顧他，他所遇到的情況，我們每個人都可能遇到，但他成了大富翁，而我們卻仍在當一個普通的上班族，這裡面的原因就是，我們看不見那些隨時可遇的掙錢機會而已。

準確的判斷是行動的先導

其實我們都懂得，行動不能是盲目的，盲目的行動沒有任何意義，甚至可能帶來災害。但是，準確的判斷依據的是什麼呢？是對市場需求的把握，是對消費者心理的把握，同時也是對產品前景的把握。

皮革類衣服長期以來一直受到人們的喜愛，因為穿這種衣服既保暖，又牢固，還好看，而且十分方便。但是，皮革類衣服有一個缺點就是清洗起來比較麻煩，因為皮革不能下水，下水之後容易變質。

一九八一年，一種可直接放入水中清洗的真皮革在美國問世，應當說，這種皮革對於消費者來說無疑是一個福音。可是，那些皮革產品製造商們竟然對這種新產品表現非常之冷漠，竟然沒有人採取主動行動採用這種新的皮革進行生產。其中的原因當然是，他們已經形成了自己的生產規模和體系，不願意再花新的投資去自找麻煩。

一位亞特蘭大製革協會的商人索貝爾漢姆看到了這種皮革的前景，他毅然買下這種皮革的生產專利，準備大量生產。索貝爾漢姆對自己的計劃進行了周密部署，他首先在紐約最豪華的一家舞廳舉行了一場大規模的記者招待會，邀請數百名記者前來參加，就在這場招待會上，索貝爾漢姆請來了最有名的時裝模特，渾身穿戴用這種可下水清洗的皮革製作的服裝。模特們在T型台上款款而行，動作優雅，神情高貴。

在經過精心射設計的服裝展示中，模特們會有意將手上戴的皮手套等放進用牛奶、冰淇淋和雞油等物質混合的溶液裡面，然後，再將這些被沾污了的皮製品放進一旁的洗衣機裡清洗。很快，這些經過洗滌的皮革製品從洗衣機裡取出來，再由模特們展示給觀眾看：經過清洗後的皮手套等均光潔明亮，沒有受到任何損壞。有些觀眾似乎不相信自己的眼睛，還特意走上台來，讓模特們重新演示，這才相信服裝表演的主辦人沒有任何作假的行為。

很快，這種不怕水的新皮革投放市場，受到顧客們的追捧，索貝爾漢姆賺了大錢，而那些當初不肯採取行動的人們卻懊悔不迭。

第4章

知微見著，工於心計
——思考力

父親對兒子的測試

猶太人以其智慧著稱於世。他們善於動腦筋，對那些有思想的人總是滿懷敬意，因為他們懂得，思想和智慧是勝過一切東西的法寶。猶太人的古代傳說中流傳著許多充滿機智和靈活、聰明和穎悟的故事，表達了猶太人崇尚智慧、酷愛思考的傳統。

有一個富裕的猶太商人，已經病入膏肓，他把自己的三個兒子叫到跟前，對他們說：「我年紀大了，身體也病得這麼重，我希望把家業交給你們中的一位來繼續經營。但是，我不知道你們中哪個最聰明？」商人決定對兒子們進行測試。

老人給每個兒子10美元，對他們說：「你們各自用這10美元去買一樣東西，這種東西最好能把你們自己住的房間裝滿。誰能裝得最滿，就可以繼承家業。」

大兒子想：買一棵樹回來，那茂密的枝葉可以把房間裝滿。於是，就買回一整棵的樹，好不容易把這棵樹裝進了房間裡。

二兒子想：要是買回一車草，那草足可以將房間填滿了。於是，他買回一車草，那草一直堆到了房間的頂部。

三兒子卻不像他們那樣麻煩，他只花了2毛5買回一根蠟燭。等到天黑的時候，他就將這根蠟燭點燃，蠟燭的光芒頓時充滿了整個房間。父親看著小兒子，欣慰地點點頭，把家業的經營權全部交給了他。

智取錢袋的故事

一個人能如冰雪一般明白透徹，不致因為利欲熏心而弄得喪失理智，這並不是一件容易做到的事。猶太人他們在商業場上奪關斬隘，卻很少馬失前蹄，這裡面的奧妙的確值得深思。

以前，有個猶太商人來到一個市場裡做生意，當他得知幾天後這裡所有的商品大拍賣時，就決定留下來等待。可是，他身上帶了不少金幣，當時還沒有銀行，把金幣放在旅店裡，又很不安全。

左思右想，他有了主意，於是帶上鏟子，晚上來到一個無人之處，在那裡挖了個洞，將裝有金幣的錢袋埋藏起來。可是，等商品大拍賣就要開始的時候，他跑到藏錢的地方去取錢，誰知錢袋竟然不見了。他反覆回想當時的情景，認為自己記憶的地方沒有錯，於是就對周圍環境觀察起來。

一觀察，他發現，在離藏錢處有一段距離的地方有一間小小的房屋。由於房屋被地形遮蔽，時間又是夜晚，他竟然沒有看見。情況清楚了：一定是那天晚上他在挖洞的時候，被屋子裡的人看了個正著。但是，分析、推理並不等於證據，他必須要有一個既能找回錢，又不致引起糾紛的辦法。對於猶太人而言，這樣的辦法似乎並不很難。

他走近那座房子，對屋裡的主人恭敬地說：

「您住在城市裡，是個城裡人，您的頭腦一定很聰明。我是從外地來的，有件事情想請教您，讓您給出出主意，不知到能不能行？」

見對方這麼客氣，說話又這麼恭維自己，屋子的主人心裡很高興，連忙說：「可以，可以。」

猶太商人開始講出他預先設計好的計謀：

「我從外地來到這裡，是想和這裡的人做生意的。我身上帶來了兩個錢袋，一個裡面裝了五百個金幣，另一個裝了八百個金幣。前些天，我把那個小的錢袋埋藏到一個誰也不知道的地方了，現在身上還剩這個更大的錢袋。我不知道是該把這個錢袋交給一個值得信任的人保管呢，還是把它也和先前那個錢袋藏到一起？」

屋子的主人連忙說：

「你一個外地人，頭一次到我們這個城市來，當然不能輕易信任任何人。我建議，你還是應該把這個錢袋和先前那個藏在一起為好！」

猶太商人說：「謝謝您的指教，我明天就按照您說的去做。」

接下來發生的事情可以預料得到：那個貪心的「城裡人」馬上把偷來的錢悄悄藏回到原來那個洞裡，企圖等待著另一大袋金幣的出現。而猶太商人趁他一走，便上前將自己的錢袋取了出來，只留下一個什麼也不剩的空空如也的洞在那兒。

如何當一個事前諸葛亮

人生有很多時候是這樣的：當一件事情發生的時候，你會說：這件事早就有苗頭了，我早就估計它可能出現。這話不能說不對。為什麼呢？因為所有的事情都有個前因後果，後面的事發生，總是因為前面曾經發生過某件事，對它產生了影響力，使它不得不發生。所以，所謂「線索」，所謂「蛛絲馬跡」，所謂預兆等詞匯都與因果關係有關。

但事實上，我們認為，有很多抱有某種自信的人，不過是事後諸葛亮而已。這些諸葛亮們善於分析，善於收集相關的資料，等到事件發生的時候，他們就根據那些資料來做出自己未卜先知的宣言。然而，真正困難的是事件發生前對它進行預料，並敢於對自己的預料做出反應。

混沌理論「蝴蝶效應」的創始人洛侖茲，有過一句這樣的名言：

亞馬遜河邊一隻蝴蝶扇動一下翅膀，有可能在美國的德克薩斯州引起一場颶風。

但是，對一般人來說，無論如何不具備這樣豐富和神奇的聯想能力。

現在，我們都知道，各種各樣的汽車方程賽、拉力賽早已經成為體育報刊的重要新聞，那些大賽選手們受到人們青睞的程度一點不比NBA球星和網球手們差。可是，是誰最早開發出性能優良的賽車，讓人們領略到賽車的風采的呢？問題的答案已經在這兒了：還是猶太人。

20世紀的上半葉，大衛·布朗在他父親開辦的一家小齒輪廠裡做工。在那短短的三、四十年時間裡，發生了兩次世界大戰，生活的艱辛可想而知。布朗從小就經受著父親嚴格的教育，即使在自己家開的廠裡，小布朗一方面學習、讀書，另一方面與工人們一樣進行著艱苦的勞動。

可是，布朗相信機遇總是會在某個地方等待著他。他一邊做工，一邊觀察社會，他發現，伴隨著機械工業的進步，汽車在美國、英國等地已經逐漸普及開來，成為人們日常生活中不可缺少的代步工具。而且，許多人喜愛汽車的程度不亞於早先的人對馬的愛好。

他堅信，在不久的將來，舉行汽車比賽將成為新時代的人群當中一種不可替代的流行娛樂。在他成熟以後，他成立了自己的大衛·布朗公司，公司的主要目標之一，就是設計先進的專供比賽用的跑車。他投入資金，聘請一流的專家和技術人員，採用先進的設備進行開發和生產，在一九四八年比利時國際汽車大賽中，大衛·布朗公司的「馬丁」牌賽車一舉奪魁，成為舉世矚目的車型。當然，他的公司也由名不見經傳而名揚天下了。

發現錢的運行路徑

思想是行動的先導，我們經常會說這樣一句話。但是，過去我們一直把它當作是指引人生的宏觀理論，卻不懂得它就是行動的具體指南。

賺錢，不是一個盲目的行為，更不能把它當作一場賭博。它是需要機智和頭腦的，同時也需要想像力和觀察力。但它不需要空想和幻想，至於怨天尤人和責怪命運，那就更不應該了。

我們來看看大師們是怎樣看待這個問題的。

摩根在和別人討論投資的問題時這樣說：「玩撲克的時候，你應當認真觀察每一位玩家，你會看出一位冤大頭。如果你一直看不出來，那麼這個冤大頭就是你。」

人生不是游戲，它是有目的的行為。別以為只有科學家和藝術家才需要觀察和思考——賺錢的藝術其實也就是思考的藝術。

下面，洛克菲勒的一個故事也能夠說明這個問題。

洛克菲勒經常會去一家餐館用餐。每次飯後，他都會掏出15美分的錢幣付小費。可是，有一回不知為什麼，大約是口袋裡沒有零錢，他只付了5分錢小費。服務員拿著這5分錢，心裡不悅，用很損的口氣說：

「我要是像你這麼有錢，絕對不會吝惜那1毛錢的。」

洛克菲勒聽出了這個人的小肚雞腸，他笑著說：

「這正是為何你一輩子當服務員的原因。」

缺乏思想的人，總是被生活表面的現象所吸引，他們關注的就是那樣一些微不足道的事物，卻從不懂得去挖掘生活裡面的奧秘。真正善於賺錢的人，他其實也是一個研究大師，他總能發現錢的運行路徑，而從不被動地等待上天的憐憫。

尋找機會後面的機會

商場的變化可以用風雲莫測幾個字來形容。有時候，機會明明在眼前，可是眨個眼，它又不知躲到哪裡去了。有時候，在一個機會的後面還可能潛藏著更大的機會，於是，隨機應變，靈活機動對於商業競爭來說，是個不可低估的素質。

大家都熟悉美國西部牛仔的形象：頭戴寬邊帽，腰扎寬皮帶，腳踏高筒皮靴，身穿厚厚的斜紋布衣料製作的服裝，一臉絡腮鬍子，盡顯粗獷豪邁的氣概。西部牛仔的出現，與美國西部大開發的年代有關。那個時候，盛傳西部蘊藏有豐富的金礦，於是在全國掀起了一場淘金熱，從各個角落前往西部的人接踵相繼，幾乎把門檻擠破。有一個人起初也想擠進這淘金的隊伍，可是等他來到西部的時候，這裡早已擠得無立錐之地了。

別人來這裡，腦子裡只想著金子，但是他想的不光是金子，更是機會。他看見那些淘金的人整天鑽沙漠、下礦井，身上的衣服很容易磨破，於是他就想，假如有一種堅硬耐磨，不容易損壞的衣服穿在身上，那可以省下多少麻煩？厚而結實的牛仔服裝就這樣發明了，它不但在西部開發時大露風采，而且竟然令服裝潮流一個多世紀，其魅力至今不衰。這個人名叫列瓦伊·施特勞斯。

另外，第二次世界大戰結束以後，美國的城市重新掀起了建設熱潮。建築業的勃興，使得磚瓦工人的工資看漲，許多失業的人紛紛湧到城市裡面找磚瓦活幹。可是，想幹磚瓦活的人多，真正掌握了技術的卻不多。在建築工地上，要想拿到活，特別是想拿到工資相對更高的活，有熟練的技術顯然比沒有技術要好得多。這時，從外地來到芝加哥的邁克雖然一貧如洗，但他卻有著比別人更高一籌的眼光。他沒有和別人那樣擠到招工的隊伍中去，而是在報紙上刊登了一則廣告：「讓你成為瓦工的辦法！」

結果，邁克賺到了遠比別人多得多的錢。

「經營城市」的始作俑者

所謂「經營城市」的理念，就是說許多地方的政府在財政並不需要做出重大支出（甚至一分錢不花）的情況下，通過市場運作，將原本價值較低的地段引入商業軌道，導致其升值，從中獲得的效益再反過來進行城市建設和城市開發，逐步形成良性循環，使城市的面貌煥然一新，市民們的居住環境大為改善，城市的功能也得到加強。

這種「經營城市」的理念，我們在美國著名的猶太商人希爾頓那兒可以找到原型。

據說，年輕時期的希爾頓有著一股強烈的賺錢願望，他一直在尋找機會。可是，他沒有可供利用的社會資源，沒有任何人施加幫助，可以說，當年的他幾乎就是一個無背景、無依托、無錢財的「三無人員」。就是在這樣的困境下，猶太人仍能夠找到致富的理由。

這一天，他隻身一人在城市最繁華的優林斯商業區轉悠，一路走，一路觀看。要知道，他這樣的行為並不像我們平常說的那樣，是「小和尚念經，有口無心」，他其實一直在轉動著腦筋。走著走著，他突然發現：在如此繁華熱鬧的地方，居然只有一家普普通通的旅社，連一個高檔的旅館也沒有。那些來這兒買東西和觀光的人，有的迫於時間緊張，只得急急忙忙地來去，而商家們居然對這種現象熟視無睹。

「這就是機會」——希爾頓意識到。他繼續溜達，這時，他開始注意的是，優林斯商業區哪一塊地方適宜建一家旅館。當然，要發現這樣的地方並不難，他很快在一個拐角處找到了一個理想之處。他了解到，這塊地皮的主人是一個叫老德米克的房地產商，而老德米克對這塊地開出的售價是30萬美元。希爾頓口袋裡只有區區五千美元，離30萬美元相差十萬八千里。但是，希爾頓卻想好了取得這塊地的辦法。他通過其它生意，將資產積攢到五萬美元，又找了個合夥人，湊足10萬美元，然後開始了他的設計。

於是，他和老德米克簽署了購買土地的協議，協議上簽的購地款為整整30萬美元。一張完整的，具有法律效力的協議拿在老德米克手上，他等待著希爾頓按期償付資金，然後將土地轉讓。

可是，希爾頓卻對土地所有者老德米克說出實情。他說，我的確想購買您這塊地，您看，這不連合約都簽了?!但是實話告訴您，我手上並沒有錢。聽希爾頓這樣一說，老德米克當然是火冒三丈，他認為希爾頓在欺騙他，在撒謊，他要收回自己所簽的協議了。

可是，希爾頓卻很冷靜，同時也是很誠懇地對老德米克說，我並沒有想欺騙您的意思，我不過是一下子拿不出這麼多錢來罷了。但是我有一個想法，可以保證您的利益不會受到任何傷害。他的對手老德米克對此將信將疑。希爾頓和盤托出他的設想。他將採取分期付款的方式，先租用，而不是立刻購買這塊土地，租期90年，每年償付租金3萬美元。

90年的分期付款期效，每年3萬元「租金」，二者相乘就是二百七十萬美元。雖說時間長了點，但與銀行利息相比，那還是高出許許多多。老德米克當然很會算帳，這樣一算，就覺得這未必不是一個可行的辦法，他知道，即使在90年之後，這塊地也不可能增值9倍的。

希爾頓繼續表明他的態度：假如在應該付款的時候而沒有給付，那麼，您有權收回您的土地，包括我在這塊地上所建的旅館。

面對希爾頓如此「慷慨」的表態，老德米克不由大喜過望。一塊價值30萬的土地，賣出了9倍的價錢，還很有可能（既然希爾頓只有十萬元的現款，他又要建旅館，每年還要償付3萬元的租金。到時候他能變出足夠的錢按時付現嗎？）連土地帶旅館最後全部都歸自己，這可真是天大的一塊餡餅。於是，他完全答應了希爾頓的要求。

希爾頓的旅館開工了。他用老德米克的那塊地到銀行貸了30萬美元的款，又找了一個土地開發商一起投資，他手上的資金總額已經有57萬了。

但是即便如此，離建設一家豪華的高檔旅館所需資金還相差幾乎一半。在工程進行到接近一半的時候，希爾頓所有的投入資金都已用完，這個時候，他又找到土地的所有者，他的老談判對手和合作夥伴老德米克。他這次首先開出了將來保證給對方的利益，就是一旦旅館建成，旅館的主人就是老德米克先生，只要求對方將旅館的經營權交給自己，而自己可以每年繳納10萬美元的經營利潤。但是，現在的問題是對方必須給尚未完工的工程注入新的資金，以保證它可以順利完工。

希爾頓的這次計劃和上一次幾乎一模一樣，也是給足甜頭（當然這個「甜頭」必須得到對方的支持，否則的話就只是一張畫餅而已），再請君入甕。甜頭很大，很可觀，拒絕是不可能的——不光是它的誘惑力不容拒絕，就是現在的現實也不容拒絕，因為這塊地已經被抵押給銀行換了貸款，一旦貸款還不上的話，那希爾頓給自己的承諾就無法兌現。老德米克權衡利弊，當然只有選擇與希爾頓繼續合作。

就這樣，兩年以後，那座名聞全球，在世界各個著名城市都開設了連鎖飯店的「希爾頓飯店」誕生了。30年以後，希爾頓已經成為擁有五億七千萬資產的大富翁，他的成功代表了一種典範。

在希爾頓成功的背後，我們看見判斷力的光芒在閃耀。第一，希爾頓對自己能力和預見性的判斷是正確的；第二，他對於老德米克人性的弱點的判斷是準確的；第三，他對於前來優林斯商業區的人們的需求的判斷是真確的。正是判斷力加上他的心計，使得這個按常理分析幾無可能進行的計劃能夠完美實施。

猶太人雇德國人開飛船

有關猶太人工於心計的說法，世界上流傳很多。有這麼一個故事：

美國和前蘇聯成功地發射了載人飛行的火箭，讓世界感到震動。其他一些國家認為，這可是提升國力，擴大國際影響的極有效的手段，也紛紛準備效仿。但任何別的國家都不具備單獨發射火箭的實力，於是，德國、法國和以色列三國便商議要聯合擬定一個載人飛船月球旅行計劃。當火箭和太空艙都造好了的時候，便開始在這三個國家挑選飛行員。一名德國人首先應徵。工作人員在考察了他的條件後問：「你準備索要什麼樣的待遇作為報酬？」

德國人回答說：「我要三千美元的報酬。」

工作人員又問：「你要這麼多錢，打算怎麼花呢？」

德國人說：「我打算這樣安排。一千美元留著自己用；一千美元送給妻子；一千美元作為購房基金。」

接下來是法國人。法國人索要的報酬是四千美元。他說，除了德國人所想到的那些支出外，他還需要一千美元送給自己的情人。

下面輪到以色列人了。以色列的應徵者開出的條件是五千美元。他對主持應聘的人說，拿到這筆錢後，一千美元給你，一千美元給自己，其餘三千美元，我將雇那個德國人來開飛船！

看了這個故事，人們會會心一笑：瞧瞧，多麼聰明狡猾的猶太人，竟然想空手套白狼！這可是他們的一貫作風。

替自己設計一個賺大錢的機會

想到一個主意，就可以賺來一大筆錢，這叫做「金點子」。有些主意是要動手的，比如通過設計、生產和營銷活動來實現；而有些主意只要動嘴，錢財就滾滾而來。洛克菲勒就曾經有過這樣的主意。

那是在19世紀初期的時候。有一對德國人兄弟，叫做梅里特的，從德國遷居到美國。那個時候，美國還處於大開發階段，有很多發財的機會。梅里特兄弟運氣不錯，到美國不久，就發現他們所定居的密沙比地區是一片含鐵豐富的礦區。於是，他們用以前積攢下來的錢，悄悄地大量購買土地，以準備作為將來開發鐵礦用。可是，世界上沒有不透風的牆，密沙比地區蘊藏豐富的鐵礦石的訊息竟然傳了出去，被以精明著稱的洛克菲勒知道了。但這兒的土地已經被梅里特兄弟買下了，你再聰明，總不可能去明搶，於是只好等待時機。機會終於來了，而且被老洛克菲勒捕捉到了。

一八三七年，美國發生了嚴重的經濟危機，各家銀行銀根告急，貸款難成為許多企業面臨的重大困境。梅里特兄弟既然要開礦，僅憑原先的積蓄買了土地就再無餘錢，鐵礦要開採還必須投入大筆的資金。就在他們萬分焦慮的時候，洛克菲勒出擊了。

這天，梅里特兄弟的礦上來了一位牧師，這位牧師聲望很高，在當地一直受到人們的尊敬，梅里特兄弟知道這一點，所以很恭敬地接待他。牧師人很好，知識面豐富，講話也顯得很睿智。他們天南海北地聊天，最後談到了當前經濟的形勢。看見兩兄弟一臉愁容，牧師主動說：「哎呀，你們資金緊張，應該坦率告訴我呀，我可以助你們一臂之力。」

聽牧師這樣說，兩兄弟自然大喜過望，連忙問：「牧師有什麼辦法，說給我們聽聽。」

牧師不緊不慢地回答：「我有一位朋友，可是非常地有錢。要是我向他借錢，多少都不會有問題。你們大概需要多少錢才夠呢？」

「有個50萬就行了。到時候，不管利息多少，我們一定會照付。」按照梅里特兄弟的想法，別人這個時候出手援助，肯定想得到回報，利息也就一定不會低的。

但是，牧師卻很輕鬆地說：「這個算不了什麼。如果你們一定要付利息，那麼就比銀行低一些——少個兩釐吧。」

梅里特兄弟眼睛都瞪大了，他們以為聽錯了。可是，牧師再次重複一遍，這才使他們相信。

用現在的眼光看，50萬美元的確不算多，可是按那個時候的幣值計算，50萬美元至少相當於現在的五千萬甚至更多一筆錢，而且利息竟然比銀行還低，這使兩兄弟感激不盡。隨後，是寫借據，借據寫完，兩兄弟高興得不得了，以為這是上天在幫他們的忙。可是，他們卻沒有想到，天下哪有掉餡餅的事？來得太輕易的東西，裡面總是藏著某種機關。猶太人做生意是時時警惕這樣的事，可梅里特兄弟卻由於高興和輕信而疏忽了這個問題。

借來的這筆錢投下去了，兩兄弟希望他們的事業能就此順利發展。誰知道，就在這時候，那個做好事的牧師又來到他們的礦上。牧師帶著萬分的抱歉對兩兄弟說：那筆錢的主人不是別人，而是大名鼎鼎的洛克菲勒先生。他今天早上來了一封萬分火急的電報，說自己馬上要用那筆錢，必須立刻給他還回去。

聽到這個消息，兩兄弟傻了眼。所有的錢都已經變成設備和礦井之類的東西了，現在還錢，那不是要命嗎？於是洛克菲勒把他們告上了法庭。

洛克菲勒在設計這個圈套的時候，其實是仔細研究過法律的。在法庭上，他的律師侃侃而談。律師說：我要提請法庭注意的是，那份借據上表述得清清楚楚，梅里特兄弟公司所借的款項屬於考爾貸款。按照美國的法律，對這種貸款，放貸人可以隨時要求歸還。如果借貸人不能按照要求歸還，只有一種選擇：立即宣布破產，以償還所借的債務。

所謂「考爾貸款」，是一種放貸人可以隨時索回的貸款，所以它的利息要比正常的銀行利息低。梅里特兄弟由於對美國法律不熟悉，再加上急於得到這筆錢，所以著了洛克菲勒的道兒。

法庭最後的判決當然是有利於洛克菲勒的。盡管梅里特兄弟可能在心裡埋怨洛克菲勒「不道德」，但他的做法於法律上卻完全吻合。於是，梅里特兄弟只好正式宣布破產，他們的礦山被作價52萬美元（僅比他們從洛克菲勒那兒得到的貸款多10萬美元）讓售給洛克菲勒。

賴皮怕強盜，強盜怕亡命之徒

上面洛克菲勒的故事是猶太人算計別人得逞，當猶太人遭到別人算計的時候會怎麼辦？自然，只要開動腦筋，問題便會迎刃而解。

有個叫梅西克的人向羅揚借了一千二百馬克，卻一直拖著不肯還。羅揚每次去找他，他不是借故溜掉就是避而不見，反覆多次，羅揚幾乎沒轍了。這時，他的一個朋友替他出了個主意：

「你不妨寫封信給他，就說他欠下了你一千八百馬克，要他盡快還債，不然就要上法庭告他。」

於是，羅揚按照朋友的意見寫信給梅西克，說，你上次借了我一千八百塊錢，我多次上門討要你都不還。再拖下去，我可不客氣了。

梅西克倒不怕他現在去告，但是，卻怕羅揚把自己的借款數目搞錯了，以後萬一不得不還錢的時候，弄巧成拙，要多付六百馬克，於是立刻回信說：「羅揚，我記得很清楚，我只向你借了一千二百馬克，你怎麼亂說我借了一千八百馬克呢？隨信寄還一千二百馬克。順便告訴你，如果你要打官司的話，你一定會輸！」

梅西克本想賴這筆一千二百馬克的帳，可是當羅揚故意把他欠下的款提高的時候，梅西克沉不住氣了，他擔心偷雞不成反蝕米，於是就把錢還了，以爭取主動。這就叫賴皮怕強盜，強盜怕亡命之徒。

空手套白狼靠的是靈感

曾經是世界船王的丹尼爾・洛維格，年輕時一無所有，他的起步完全是赤手空拳。他發現有艘被別人沉入海底的柴油機動船，並未完全破壞，於是雇人將它打撈上來，然後從父親那裡借了些錢，將船修理好，再出租給別人，這樣，一共獲利50美元。這在當時不是個小數目。他心裡很高興，由此也朦朧中獲得了一些經商的靈感。他想通過到銀行借錢來發展自己的事業，可是由於沒有擔保，銀行的錢不那麼好借。後來，他弄到一條很舊的油輪，可是，這麼舊的油輪在銀行看來根本不值錢，也就不能夠作為擔保物。

於是，洛維格想了個辦法，他把油輪出租給一家石油公司，然後又去找銀行，說可以用油輪的租金償付銀行貸款。終於有一家銀行答應了他的要求，同意提供一筆貸款給他。可其實，出租油輪的收入僅僅夠支付每月的貸款利息而已。不過，對於洛維格來說，這不是問題，重要的是，有了錢就可以開始辦事了。他用貸款來的錢買了一條貨輪，將它改造成可以跑遠洋的油輪，這樣，又有了一筆租金收入。他如法炮制，再用這條船的租金做抵押貸了下一筆款，而這下一筆款依然被用來購置新船。

如此往復，他的船隊越來越大，所得的收益也越來越多。最後，那些船在還清貸款後都成為他自己的船了。從白手起家，到擁有一支巨大的船隊，洛維格的成功，成為商界的一個範例。

思想能看見眼睛所看不見的東西

那還是在19世紀的時候。聖誕節的頭一天，一個美國小男孩為了向母親祝賀聖誕，到商店裡買了一雙襪子，想把它作為禮物送給自己的母親。他知道母親喜歡深藍的顏色，於是就指著一雙這種顏色的襪子，讓售貨員遞給自己。付了錢以後，回到家裡，母親看見了卻大為生氣，責罵小道爾頓太無禮。母親說：「難道你不知道清教徒忌諱這種顏色嗎？」

小道爾頓不明白地問了一句：「忌諱這種顏色嗎？清教徒不是對紅色才有禁忌的嗎？」

「是啊，可是你買的這雙襪子不正是紅色的嗎？」母親說。

小道爾頓找來哥哥做評判，哥哥的看法和弟弟一樣，說襪子是深藍色的。怒氣沖沖的母親於是把隔壁鄰居都叫來，讓鄰居們都說一說，這雙襪子到底是什麼顏色。鄰居們看了襪子都說：「不錯，是紅色的。」這下道爾頓迷惑了。既然只有自己和哥哥兩個人認為是深藍色的，而大家都認為是紅色的，看起來，錯誤發生在自己這邊。

但是，再仔細看看襪子，自己感覺的確是深藍色的呀，這到底是怎麼一回事呢？道爾頓為這個問題所苦惱，並苦苦思索其中的原由。他想到，一定是自己（還包括哥哥）的眼睛存在問題，否則不會將大家都清楚的事情弄錯。而眼睛的這種問題一定是對於顏色的辨別有某種障礙，並且這種障礙是先天性的。既然自己兩兄弟存在這樣的問題，那麼別的人那裡會不會也有同樣的情況發生呢？於是，他進行調查，果然發現，在周圍的人群當中也有一定比例的人和自己一樣，對於部分顏色存在辨別不了的困難。根據調查和研究得出的結果，道爾頓寫出了自己的科學論文《論色盲》，這篇論文，開創了人體科學研究的一個新領域，道爾頓的名字從此和「道爾頓症」（即色盲症）一起，留在了人類醫學史冊上。

所以說，思想能看見眼睛所看不見的東西。

冷門和冷飲

在炎熱的夏季，最受人們歡迎的飲料就是冷飲。現在，我們早已習慣了有這樣一樣飲品陪伴我們度過漫長的夏季，並沒有去考究它的來歷。或許，我們當中許多人會誤認為，冷飲這種好東西，它就是天賜的，與生俱來的呢。其實，事實並非這樣。發明冷飲的人不是別人，也是一位猶太商人，他的名字叫圖德。

圖德出生於一七三八年，那個時候，北美大陸開發的時間還不長。不過，圖德的家族很早就來到這裡，在波士頓安下了家。他的家境比較殷實，三個哥哥都畢業於哈佛大學，但圖德身上猶太人的基因特別顯著，因為他不想和哥哥們那樣按部就班地讀完了書再去謀職，他很小就渴望學做生意。

在他13歲的時候，他做出了一個大膽的決定：放棄學業，去做生意。15歲的時候，他參加了表兄舉辦的一次舞會，在舞會上，他們玩得高興，不由異想天開起來，說是要從弗雷什龐德將冰運到南部各港口去掙錢。舞會結束後，他沒有忘記那個設想。他給表兄寫了一封信，信中仔細描述了他的想法，他說：「毫無疑問，把冰帶到熱帶的想法會使你感到震驚和驚訝」，「但是，當你考慮到下列情況時，我想你就不會再懷疑此事的可行性，並接受我即將向你提出的建議。」

其實，已經有人開始做這類生意了。一位美國船長曾經將一船冰從挪威運到倫敦，他賺了很大一筆錢。當然，為了這種前所未有的生意，他和挪威海關就是否交稅的問題交涉了很長時間。

在得到一位堂兄的財政支持後，他投資一萬美元，弄了條船，把一百三十噸冰運往馬丁尼克島。波士頓一家報紙專門報導了圖德的行動，還懷著疑慮地加了評論，說「我們希望這不會是一宗不可靠的投機買賣。」

馬丁尼克島的居民看見圖德運來的一船冰，十分驚奇，有一位商店的老板說，這一帶這麼熱，冰塊運來不會有什麼作用，因為它很快就會融化的。圖德卻堅持要這位老板嘗試一下，說是可以幫他把冰加工成冰淇淋。冰淇淋在這個島上問世後，讓島上的居民大開眼界，他們紛紛前來購買，嘗嘗新鮮，結果，那個老板一個晚上竟然賺了三百美元。但僅僅是這樣，並不能將一百三十噸的冰全部處理掉，因此六周以後，圖德的冰融化了，他這回虧損了四千美元。

可是，圖德卻堅持認為自己的選擇沒有錯，這種冷門生意最終會火起來的。到一八〇七年歐洲大陸發生的戰爭結束後，他又開始了自己雄心勃勃的計劃。這一次，他直接把冰運到美國的南部各州，他認為，要是打開了美國市場，那麼冰塊的生意將前途無量。冰塊經常會遭遇融化的情形，他就按照美國人喜歡喝的熱飲的配方製造冷飲，價格和熱飲一樣。冷飲一出現在市場上，銷售竟然出奇地好，大受人們的青睞。

到19世紀中期，人們開始把圖德叫做「冰王」，他每年運送15萬噸左右的冰，而且這些冰的運送地點已經包括了除北美之外的亞洲，其中有中國、菲律賓，更遠的甚至運到了西印度群島和澳大利亞。圖德自己成為一代名商，而他發明的冷飲更是造福於億萬顧客。

「哈默的蠢事」

據說，哈默最大的和最成功的一次冒險經歷發生在利比亞。

第二次世界大戰之初，利比亞被軸心國之一的意大利所占領。墨索里尼認為這一片廣袤的沙漠地帶很可能蘊藏有石油，而戰爭時期，石油是非常重要的戰略物質。於是，他花了一千萬美元之巨款，在這裡尋找石油，可到了最後卻一無所獲。

二戰之後，又有一些石油公司來這裡鑽探，尋找石油。埃索石油公司和殼牌石油公司也花費了大量的金錢企圖來這裡開採石油。埃索公司投入了數百萬美元，殼牌公司花費了五千萬美元，卻一時都無收獲。而利比亞的國家法律規定，石油公司如果沒能開採到石油，不能將所租借的土地閒置，必須歸還給利比亞。這時，有的石油公司開始喪失信心，相繼放棄在利比亞爭取到的開採石油的權利。但是，還是有不少公司看好利比亞這個地方。

利比亞政府準備把一些石油公司放棄的土地重新出租，這吸引了9個國家共40多家公司前來投標，哈默正是此時姍姍來遲的。但既然來了，哈默就要把事情做得漂亮。在和其它世界著名的大公司競爭時，哈默採取了一個戰術，就是對主人表達出充分的感情和敬意。首先，他們的投標書用阿拉伯國家傳統的羊皮卷的形式來設計，又用象徵利比亞國旗的紅、藍、黑三種顏色的緞帶將「羊皮卷」扎起來。

這種創意當然給了利比亞國王很好的印象。而在投標書的正文裡，哈默特意加上這麼一條：一旦開採到石油，他願意從尚未扣稅的毛利中拿出5％供利比亞發展農業。此外，哈默還允諾在國王和王后的誕生地庫夫拉附近的沙漠綠洲裡尋找水源，一旦尋找到水源，他還願意和利比亞政府聯合興建一座製氨廠。由於有這樣一些條件，利比亞國王當然選擇了哈默作為兩大片土地的租借人。

這兩片土地都是別的公司耗費巨資後一無所獲又放棄的。而哈默卻在這裡重新投入資金進行勘探開發，其中光打井就又花了三百萬美元。哈默公司的股東們對哈默的行為表示不滿，把他的計劃稱做「哈默的蠢事」。

而哈默卻不為所動。很快，哈默的技術人員在這片被別人放棄的土地上打出了一口高質量的油井，後來，又採用當時最先進的鑽探技術，開採出利比亞最大的一口油井，這一下，「哈默的蠢事」讓所有的人都大跌眼鏡。就這樣，哈默一下子就躋身於世界八大石油公司之一，他還相繼吞並了好幾家較小型的石油公司。

讓天下英雄盡入彀中

洛克菲勒曾經這樣總結自己——

我的班底由兩種人組成：一種是有才幹的朋友，一種是有才幹的敵人，敵人是過去的，而今天已經是朋友了。他們絕非烏合之眾、庸碌之輩，他們全能獨當一面。我無須面面俱到，我要做的只是統管全局，確定戰略，他們每個人都是天才。我想，這就是美孚公司獲得成功的原因。

洛克菲勒所言不虛。朋友自不用說，讓我們來看看洛克菲勒是如何將他的對手敵人拉入自己的營壘，以成就自己那宏大的事業，建成一座前所未有的石油帝國的吧。

在北美大陸發現了大量石油，許多人蜂擁而至，來爭奪這塊肥肉的時候，老謀深算的洛克菲勒想到一個辦法：成立一家名為「南方開發公司」的企業，由自己控股，企圖達到控制整個石油業的目的。洛克菲勒的計謀遭到眾多中、小型石油公司的極力反對，因為，南方開發公司一旦成立，不僅使那些規模較大的石油企業形成帶壟斷性質的聯合體，而且洛克菲勒早已經與鐵路達成協議，以低於別人一倍的價格包攬他的石油運輸業務，這樣的話，那些不能加入南方開發公司的企業不是只能乾等著垮台嗎？

這個時候，一個年輕的石油開發商阿吉波特站了出來，他向那些中小石油企業主發出倡議：大家也聯合起來，限制向洛克菲勒的公司提供原油，同時印製了三萬份傳單，廣為散發，甚至將傳單送到了州法院和聯邦議員手上，指責洛克菲勒搞壟斷，壓制競爭的行徑。這一下，引起輿論大嘩，洛克菲勒的南方開發公司還沒來得及成立，就宣告流產。

這次失敗，是洛克菲勒從商以來的第一次大的失敗。但他沒有記恨阿吉波特，他調查了阿吉波特的背景，發現阿吉波特確實是個不可多得的人才。這個年僅24歲的青年，以區區八百美元起家，在很短的時間裡就使自己的煉油業務達到每月2.5萬桶。他這次帶頭反對洛克菲勒的計劃，在步驟上、行動上都很嚴密有效，尤其重要的是他具有演講天才，能夠說服眾人跟著他的目標走，這個人，不簡單。洛克菲勒暫時放棄成立南方開發公司的計劃，開始接近這個阿吉波特。

經過努力，他將阿吉波特成功地拉入了自己的陣營，阿吉波特由敵人變成了自己的幫手。阿吉波特以自己的名義成立了一家新的公司，這家新公司的名稱叫艾克美，誰也想不到的是，公司真正的股權卻在洛克菲勒手上。阿吉波特以中小企業同盟首領的身份開始收購大家的股票，逐步使得這個同盟瓦解。洛克菲勒最終登上石油霸主的地位，阿吉波特立下了汗馬功勞。

在洛克菲勒打算成立南方公司的期間，還有一個人也是洛克菲勒的勁敵，這個人是一位律師，名叫多德。當初，反對南方開發公司成立的隊伍中，他也是十分積極的一個，在同盟召開的會議上，他多次指責洛克菲勒的美孚公司是「蟒蛇」，後來又代表眾多的石油公司對美孚公司提起訴訟。事後，洛克菲勒同樣向他伸出了橄欖枝。同樣是這個多德，在洛克菲勒帝國膨脹到果真與美國反壟斷法相抵觸的時候，於一八八二年炮製出一個托拉斯協定，讓洛克菲勒將美孚公司改組為托拉斯，這樣，美孚便以一種被掩蓋的形式實現了對石油市場的事實上的壟斷。

因為，這個托拉斯共擁有60多家石油公司，而其中40多家公司的所有權完全屬於美孚，另外20多家的權益也主要掌握在洛克菲勒手上。托拉斯的成立，成功地防止了外界對它的調查和揭露，因為它完全在美國的法律框架之內。正是從這個時候起，美國的資本主義開始進入托拉斯壟斷的時代。

在那次石油霸權之戰中，洛克菲勒還發現了一個人才，就是紐約州議員赫伯恩。正是赫伯恩發動了一場對美孚公司的大規模調查，在調查過程中，赫伯恩所展示出來的精明細致和財務水平讓洛克菲勒佩服不已。洛克菲勒將赫伯恩招攬為自己的財務主管。

不光是洛克菲勒，摩根也與之有著同樣的特點。摩根曾任用了一個叫斯賓塞的年輕人，這個斯賓塞，從喬治亞大學工程專業畢業後，被摩根聘入自己的公司。摩根發現了他的才能，便大膽起用他，破格讓他擔任總裁室的特別助理，不久就提升為副總裁。摩根屬下的一條重要鐵路正因經營不善而面臨破產，斯賓塞臨危受命，將這條鐵路起死回生，由此成為摩根的左臂右膀，摩根甚至認為他在一些方面比自己更強。摩根還將一位叫柯士達的人通過挖牆角的方式弄到自己的公司裡，在摩根發出「鐵路摩根化」的誓言的時候，柯士達替他嘔心瀝血，終於實現了摩根的這一雄心勃勃的目標。

創新用人的觀念，不拘一格用人才，這是洛克菲勒和摩根成就大事業的重要原因之一。

螃蟹定律和雙贏原則

海邊上的漁民對於海中動物的習性非常了解，他們在捕撈海產品的時候，每每會針對捕撈對象採取相應的措施，比如捕撈螃蟹的時候就是這樣。在抓螃蟹的時候，漁民們會攜帶一種頭小肚子大的竹簍，這種竹簍有一個蓋子。在抓到第一隻螃蟹的時候，漁民會用蓋子將竹簍蓋起來，以防止螃蟹從口子上逃走，可是，等捕到第二隻螃蟹的時候，反而卻任蓋子開著，不再將口子蓋起來。

外來者看見這種情況，覺得很奇怪，這個時候，漁民就會告訴他，螃蟹像所有的動物一樣，在被抓住以後，具有逃生的本能。但是，由於螃蟹缺乏高等動物的智慧，缺乏組織性，只會按照本能行事，每隻螃蟹都只顧自己拼死逃命，於是，大家看見竹簍頭上的口子，便爭先恐後往那兒爬。可是，由於口子太小，一次只能容一隻螃蟹爬過，不論哪隻螃蟹爬到口子前，別的螃蟹都會用自己的一雙大鉗子抓住它，將它往後拖，好騰出空位讓自己過去。而換過另一隻螃蟹爬向口子前時，又有別的螃蟹將它拖住，所以，盡管竹簍的口子一直敞開，卻始終沒有任何螃蟹能夠順利爬出來。

這種「螃蟹定律」在人們的競爭當中其實也可以看到，所謂「窩裡鬥」、相互壓價搞低價傾銷等，其最終效果都如同螃蟹一樣，最後沒有贏家，兩敗俱傷。現代經商理念講究的是雙贏，而不是像以前一樣，非要你吃我我吃你。如果要做一個成功的商人，必須要學會與人為善，共生共存，互利互助。人類是高智商的動物，當然不能像螃蟹那樣只顧自己，那樣做的結果只能是玉石俱焚，共同毀滅。

在猶太人的商業文化中，就有所謂「瞎子點燈」的智慧，證明為他人著想就是為自己著想的道理。

在漆黑的道路上，有一個瞎子提著燈籠在那兒慢慢地向前走。有人看見了，感到十分奇怪，就問他：「你是個瞎子，什麼也看不見，打著燈籠和不打燈籠對於你來說不都是一樣嗎？」可是瞎子回答他：「我自己雖然看不見燈光，但打著燈籠，黑暗中別人就能看見我呀！」那個人才恍然大悟，不由佩服瞎子的想法。

瞎子的這盞燈籠，體現的正是猶太人商界中的雙贏原則。

第 5 章

信守契約，履行合約——公信力

與上帝的契約之緣

假如你與猶太人打過交道，就一定會對他們高度重視合約或約定的精神表示贊嘆。應當說，猶太人的這種精神由來已久。猶太人信奉上帝，把自己稱為「上帝的選民」，他們認為，人之所以存在，是因為與上帝簽定了存在的契約之故。他們把《聖經・舊約》當作「神與以色列人的簽約」。所以，猶太人又被稱之為「契約之民」。有兩個故事，可以說明猶太人對於契約或約定的重視。一個是古代的，一個是現代的。

古代的故事說，在很早的時候，有一戶猶太人，家裡有一位出落得十分漂亮的姑娘，尚待字閨中，沒有嫁人。有一天，她和家人一起出行，由於走的路多，一時感到口渴。姑娘為了找水，一個人離開家人，找到一口水井旁邊。井水清澈得可以照見人影，姑娘心裡十分高興，便想舀些水上來喝。但是，她的手臂不夠長，井旁倒是有一個吊桶，但憑她的力氣，獨自打一桶水上來又做不到。她左思右想，看看四處無人，便決定攀著井繩下到井裡去喝水。沒想到，水是喝了，可由於井壁太滑，姑娘卻無法爬出井上來。想起父母此刻正不知著急成什麼樣子，想起自己一直就這樣下去的話該怎麼辦？百般無計，她又害怕，又焦急，竟然哭了起來。說來也巧。就在這時，偏偏有一位年輕的小伙子經過這裡，聽見從那水井裡傳出悲切的哭聲，便趕緊走過去看個究竟。

就是這樣一個巧合，姑娘得救了。小伙子欣賞姑娘的美貌如花，而姑娘也傾慕小伙子的勇於助人，兩個人互相都表達了愛慕之情。不久，小伙子要出遠門，約了姑娘到外面辭行，當時的情景自然是依依不捨。既然兩個人都已經表示了愛情的願望，於是就在這一刻，兩人立下山盟海誓，小伙子非姑娘不娶；而姑娘非小伙子不嫁，並約定等小伙子一回家鄉，就立刻結婚。古人的習俗，訂婚約必須要有證婚人，而當時在場的只是他們兩個，沒有第三者在旁。就在這個時候，恰好有一隻黃鼠狼從兩人身邊跑過，姑娘就說：那隻黃鼠狼看見了我們兩個的事情，它就算是我們的證婚人吧！

小伙子離開家鄉以後，起初還把與姑娘的約定掛在心上，可是時間一長，漸漸就忘記了家鄉的戀人。結果他和外地的一位姑娘結了婚。小伙子忘記了約定，可姑娘卻沒有忘記，她天天在家裡等待，等待著心上的愛人回來。她不知道，她的心上人不但不會回來，而且在異地他鄉過上了幸福的生活。小伙子和他的外地妻子先後生了兩個兒子，但這兩個兒子卻先後遭遇到不幸。先是第一個兒子在草地上玩，玩累了以後就躺在那兒睡覺，沒想到在睡覺中竟然被一隻不知從哪兒跑來的黃鼠狼給咬斷了脖子。孩子死了，小伙子和他的妻子自然非常傷心，可是他還沒有想起這裡面的原因。過些時候，他和妻子又生了一個兒子，這回他再也不讓兒子一個人到草地上去玩了，也決不將兒子單獨一個人留在草地上睡覺。可是，正像那句老話說的：是福不是禍，是禍躲不過。兒子稍大一點後，有一次來到井邊，見井水清澈見底，非常好奇，便伸出頭去看自己倒映在水裡的影子。就這樣，他被一股神秘的力量一下子推進井裡，活活淹死。

兩場相繼而來的悲劇，終於讓小伙子明白了神靈的意思。他想起了和家鄉姑娘的約定，不由十分地懊悔和慚愧。於是便向妻子講明原因，兩個人辦理了離婚手續，小伙子一個人匆匆趕回家鄉，去見當年的情人。在姑娘的家裡，當年的戀人還在一個人苦苦地等著他。他對姑娘表示了深深的懺悔，然後兩人重續舊緣，喜結連理。

這個猶太人的故事和中國古代許多類似因果報應的故事如出一轍，但那僅僅是從內容上來講的。從文化學的意義上來看，每個民族的故事都寄寓了這個民族的生活理念和道德意識。倘若我們按照這個角度來分析，就可看出猶太人的故事與我們國家類似的故事之間的根本差異。中國古代的故事一般寄寓的往往是道德的內涵，而這種道德事關做人的良心、個人的品德和操守等等，它主要體現的是政治學和社會學的內涵。而猶太人的故事是與做人的政治道德和社會道德無關的，它主要集中體現了猶太人的契約思想，體現了一種經濟學意義上的道德。

人要信守和上帝的約定，人同時還要信守人與人之間的約定。假如做不到這一點，就是背叛，就是爽約，就是對猶太教義的不尊重，那麼也必然會受到上帝的懲罰！中國人是極少有這樣的契約思想的。在中國人的心目中，誠實守信，與經濟目的無關，與具體事務無關，換句話說，與做事無關，只與做人有關。做人與做事本來應該是緊密相連的，但由於中國人過於注重人以及人的日常行為的道德性，反而把做人與做事割裂開了。所以，在中國人的口頭禪裡，一般不講「做事不講信用」，而常常只是講「做人不講信用」。而在猶太人那裡，他們看重的反而是「做事必須講信用」。正因為如此，便引出了下面的第二個故事。

合約就是性命

美孚石油公司是全世界最大的石油公司之一。它的雇員很多，因此，除了生產方面的設備之類的以外，也會採購一些與生產無關，卻與生活或其它方面有關的商品。有一次，這家公司的老板需要訂購一批餐具，具體說是三萬把餐刀和叉子，公司找到了猶太商人喬費爾。喬費爾對這筆合約非常重視，很快就與生產廠家取得了聯繫，把產品的各項要求都告訴了廠家，他尤其希望廠家能夠按時交貨。廠家接到這筆合約，自然也很高興，對喬費爾提出的要求滿口應承下來。可是，誰知道事情竟不能遂人願。廠家接了合約後，由於在管理等原因上脫節，竟不能按時將餐具生產出來。喬費爾急得像熱鍋上的螞蟻，打電話也好，上門去催也好，眼看著交貨的日期近了，按時將貨物運到指定的交貨地點芝加哥的希望越來越渺茫，臨時更換生產廠家時間更不允許。

沒有辦法，喬費爾被「套牢」了。套牢也沒有辦法，他於是請求生產廠家盡可能不要將日期拖得太晚。好在廠家緊急關頭盡力趕貨，終於在最後交貨期限的前幾個小時將貨物趕了出來。貨物是出來了，可是要在幾個小時裡面將這些貨物從生產地運送到交貨地，按照常規無論怎樣都來不及了。裝在喬費爾心中第一位的不是打電話與美孚公司討價還價，也不是想著怎樣將責任推到生產廠家頭上，而是想，怎樣才能盡可能快地將東西按照既定時間運抵芝加哥。終於，他想出了一個在別人看來是「傻」是「笨」的辦法，就是將這批貨物用飛機托運到芝加哥去。

用飛機托運這批餐具，比起正常的運輸費用要高出六萬美元，也就是說，平均每副刀叉須多增加運輸成本二美元，而這比他從中掙取的利潤還要高出許多。有人說，你是不是瘋了，這樣做？可喬費爾的想法是：寧可我多出這六萬美元，也要遵守當初與美孚公司所簽下的協議！果然，用飛機托運就是便捷。當這批刀叉運送到美孚公司指定的交貨點時，最後一天的期限剛好到來。

如果用喬費爾的行為來衡量，他的所作所為肯定是符合這一標準的。所謂「一言既出、駟馬難追」，意思就是不講任何條件，哪怕天塌下來也要實行自己的諾言。不過，我們和猶太人的區別不是守諾的形式和內容，而是守諾的精神實質。我們的守諾，還是以所謂「做人」為基點。假如做不到「言必信，行必果」的話，那就是「連做人做不起」。喬費爾倒似乎沒有說什麼關於「做人」的話，他只是認為，既然與對方有了約定在先，那麼就是不可違背的。因為，猶太人的話這樣說：合約就是性命！

經濟帳和道德帳

下面再講兩個故事，一個是猶太人的，一個是中國人的。

美國石油大王哈默年輕的時候，正逢動蕩不寧的時代。在逃難的時候，他很長時間沒有吃東西，又飢又餓。這時，有人將一份食物送到他面前，可是他竟然將這份「美意」給拒絕了。他的理由是：作為一個有工作能力的人，他不能白吃別人的東西，因為，在你得到之前，必須要有所付出才行。吃食物可以，但要在他替別人幹完活之後。就這樣，他堅持完成了自己應做的活計，才開始吃東西。

而中國先秦時代的典籍裡記載了這樣一個故事。有一回，天下飢荒，有一個人和哈默一樣，也是很久沒有食物下肚，餓得都快走不動路了。這時，有一個人準備要施捨他，但卻擺出一副可憐他的架勢。那人說道：喂，來吃呀！口氣傲慢不恭，一副高高在上的樣子。這個飢餓的人見狀，扭頭就走，不接受他的施捨。當然，那個人最後活活餓死了。

從表面上看，這兩個故事非常相像，都是當事人在飢餓難耐的時候，拒絕別人賜予的食物，但仔細分析，他們拒絕的背後，卻有著各自不同的思維邏輯。哈默的拒絕是因為，他認為一個人所付與所取，是一種不可分割的契約關係。幫別人勞動是付出，別人提供的食物是報酬，自己只有在先付出之後才有資格獲得那份食物。而那個古代中國人拒絕的心理背景是，他認為人是有尊嚴的，人在接受施捨的時候不能喪失自己的尊嚴，否則就失去了人格。一個人餓死事小，但失去了人格則事大。兩人一個算的是經濟帳，一個算的則是道德帳。

猶太人也會為人所乘

猶太人如此堅守合約，在一般腦子過於活絡的人看來，似乎很有些迂腐的味道。不過，猶太人在經商中其實是非常善於變通，善於靈活機變的，只是，一旦簽下了契約或合約，他們就一板一眼，嚴謹遵守。從剛才講過的故事上，我們完全可以看到這一點。

猶太人太過執著地信守合約，當然也有為人所乘的時候。有一次，一個猶太商人請了一名雇工幫自己幹活，他和這名雇工談好的條件是，工錢不付現金，而是以實物代替。至於實物，是另外一家商店裡的貨物，雇工到應該發工資的時候，可以到那家商店裡選取自己需要的與工資等價的商品，因為商店裡的貨物正好是雇工家裡所需要的。而關於以實物代替這名雇工的工資的事情，他同時也與商店的老板談好了。

但是，由於這次合約的簽定是與雇工和老板分別簽下的，這兩個人之間至少有一個人卻並不具備猶太人的道德，於是，在發工資的日子裡，那名雇工怒氣沖沖地跑來找猶太商人說，他已經到商店去過，可商店老板並不像他所說的那樣，同意自己到裡面去選取東西，硬是要先付現金，才肯將東西給他。猶太商人聽信雇工的話，便取出現金付了工錢。可是，等這邊雇工才走不久，那邊商店老板又找上了門。老板說，那名雇工在未付帳的情況下已經將貨物取走了，要求猶太商人按事先的約定來付帳。到底誰在進行欺騙，想黑掉他的錢？在沒有第三人見證的情況下，事實已無法查清。可猶太商人與兩人簽下的合約都必須執行。於是他只好再付一筆錢給商店老板。猶太人吃了虧，欺騙者得了計，不過，猶太人卻遵守了契約的精神。

一場奇怪的官司

二〇〇二年11月，美國上上下下都在籌備著，準備過一年一度的感恩節了。就在感恩節前三天，芝加哥市一個名叫賽尼・史密斯的中年男子向當地法院遞交了一份訴狀，訴狀的內容是要求「贖回」自己去埃及旅行的權利。

事情的緣起是這樣的——

40年前，史密斯剛滿6歲，進入威靈頓一所小學一年級讀書。有一天，品行課老師瑪麗・安小姐給孩子們布置了一道作業：讓他們每個人說出自己的一個夢想。當時，全班同學被瑪麗小姐布置的這個作業所激發，一個個都非常活躍，大家紛紛站起來表達自己對未來的夢想，賽尼表現得特別踴躍，他一口氣說出了兩個不同的夢想：一個是要擁有自己的小母牛；再一個是將來去埃及旅行一次。

班上每個同學都有自己的夢想，可唯獨一個叫傑米的小男孩大約是一時緊張，竟然想不起自己應該有什麼夢想。瑪麗小姐見狀，便建議他向同學「購買」一個，於是，在瑪麗小姐的「見證」下，傑米出3美分，向擁有兩個夢想的賽尼買下了去埃及旅行的那個夢想。

在我們看來，這不過是童年的一場游戲，隨著歲月的流失，孩童的長大，許多往事都時過境遷，哪怕那些銘心刻骨的記憶也都會隨著時光的腳步而逐漸淡忘。可是，這位叫賽尼的男孩——以後成了男人——卻沒有將自己「已經將去埃及的夢想出售給別人了」這件事忘記。

40年來，他去過世界上許多地方，包括瑞典、丹麥、希臘、沙烏地阿拉伯、中國和日本等等，可是卻一直沒有涉足埃及。作為一個虔誠的基督徒，一個跑遍世界的商人，他其實很想到埃及去，卻一直克制著自己，他認為，自己已經沒有去埃及的權利，不為別的，就因為在童年的時候，他已經完成了一個契約，而作為一個嚴肅的人，已經完成的契約是不能反悔的。

二〇〇二年感恩節快到了。賽尼和妻子準備到非洲去旅行一次。非洲最有名的地方當然要數埃及的金字塔，賽尼的妻子在設計旅行線路的時候自然把埃及也包括了進去。可是，賽尼認為，要到埃及去，首先要把自己售出了的那個夢想「贖」回來，只有這樣，他踏上埃及的土地的時候，心裡才會坦然，才不會感到不安。於是，就有了本章開頭那一幕。

但是，令人失望的是，賽尼在這場官司中失敗了。當年用3個美分「購買」了他那個到埃及旅行的夢想的同班同學傑米拒絕他贖回那個夢想。

傑米在答辯中中稱：

當我接到史密斯先生的律師送達的副本時，我正在打點行裝，準備全家一起去埃及。這好像是我一口回絕史密斯先生要求贖回那個夢想的理由。

其實，真正的理由不是我們正準備去埃及，而是這個夢想的價值。小時候我是個窮孩子，窮到我不敢有自己的夢想。然而，自從我在瑪麗小姐的鼓勵下，用3美分從史密斯先生那兒購買了一個夢想之後，我徹底地改變了，變得富有了。我不再毫無目標地散漫，我的學習有了很大的進步。我之所以能考上華盛頓大學，我想完全得益於這個夢想，因為我想去埃及。

我之所以能認識我美麗賢惠的妻子，也是得益於這個夢想，她是一個對埃及著迷的人。如果我不是購買了那個夢想，我們絕不會在圖書館裡相遇，更不會有一段浪漫迷人的戀愛。我的兒子現在在史丹佛大學讀書，我想也是得益於這個夢想。因為從小我就告訴他：「我有一個夢想，那就是去埃及。如果你能獲得好的成績，我就帶你去那個美麗的地方。」我想他是在埃及的召喚下，走入史丹佛大學的。

現在，我在芝加哥擁有6家超市，總價值二千五百萬美元左右。我想，如果我沒有那個去埃及旅行的夢想，我是絕不會擁有這些財富的。尊敬的法官，我想假如這個夢想是你們的，你們一定會認為這個夢想已經和你們的生活、你們的命運緊密相連，密不可分；一定會認為，這個夢想就是你們的無價之寶。

傑米的答辯詞竟然打動了審理法官，他們最後判決：史密斯要贖回當年售出的這個夢想，必須付出三千萬美元的贖金！

目前，史密斯無法拿出這麼多的錢來贖回自己的夢想。三千萬美金，這不是一筆小數目，他雖然也是一個成功人士，也擁有自己的資本，但要拿出這麼多錢，就得傾家蕩產。但是，這位倔強的史密斯先生並沒有就此罷休，他將上訴狀遞到了聯邦法院，並表示，哪怕把官司打到自己的曾孫那一代，最終花上三個億，也要把自己當年的夢想贖回來！

這樣一場官司還在繼續，我們目前尚沒看到它的結果。但無論如何，作為中國人，我們確確實實會為這樣一場官司感到驚奇。有必要嗎？為了兒時的一個作業、一場游戲、一件無足輕重的經歷。我要到埃及還是到哪裡去，那是我的自由，根本與任何人無關，也與我兒時的承諾無關。背上行李，我走就是了，只要不違背當下的規矩，誰也管不著。當年我把自己的一個夢想「出售」給別人，那是看老師的面子，也是救同學一時之急，他如果還記得的話，應該感謝我才對，哪有我還要出錢去贖回來的道理？而作為當年「購買」了同學的夢想的那個人，也應把那場游戲看作有趣的童年往事，哪裡還真的要別人出天價去贖回的呢？那不是過河拆橋，至少也是不懂人情世故。國內要是有人要打這樣的官司，不被人們看做怪物、神經才怪呢！而那個在我們看來十分奇怪的官司，則是典型的猶太人的意識和道德。

世間萬物皆可改變，惟有契約是一成不變的

萬物皆流，這是古希臘哲學家的觀點。在古希臘人的心目中，世界上沒有一成不變的東西，所謂「人不能兩次踏進同一條河流」，說的就是這個道理。那條河流就在那兒流淌，已經流淌了成千上萬年。它遠古時期的名字叫什麼，現在還叫什麼；它原來的樣子是什麼樣的，我們現在看它還是什麼樣的。以我們人類的經歷看，河流在表面上並沒有發生根本的變化，甚至根本沒有變化。可是，這只是我們俗人的眼光。哲學家們、先知們卻不這樣看待事物，因為他們知道，任何事物，在其存在的每一分每一秒裡，都在或生長，或衰老，或死亡。

河水一刻不停地在朝前流淌著，它的水波在前進，它的水量在變化，它水底的魚兒在游動，它水面的光線也在移動著……你剛才踏進這條河的時候，它的水波溫柔地環抱著你，可等你下一次再踏進去的時候，環繞你的水波就不是剛才的了，而是另外的水流、另外的命運。

「萬物皆流，萬物皆變」的觀點是人類經過長期生活實踐所積累和總結出來的認識，不僅古希臘人，其它地方的人也同樣是了解這個道理的，古代

猶太人當然不例外。但是，在猶太人看來，萬物可以改變，這世界上卻有一件事情不可改變，那就是契約。人與上帝訂立的契約，那是人立身的根本，無論如何不可變更，由此延伸下來，人與人之間的契約也是萬萬不可變更的，如果變了，那就違背了猶太人的生存宗旨。正因為此，上面那個猶太人因而吃了虧，而下面這個猶太人卻是有便宜不占。我們來看看原因。

有一次，一個猶太商人與一位日本人簽了購買一萬箱蘑菇罐頭的合約，合約裡規定，貨物要按每箱20罐的規模來包裝，每個罐頭的重量為100克。可是，那個猶太商人看到貨物後，發現每個罐頭的重量多出50克，竟是150克，等於比原定的多出一半。猶太商人二話沒說，跟對方說，你送來的貨多了出來，不符合我們當初的約定，我拒絕接收你發來的貨物。日本商人這才發現自己的大意，他急切之中算了一筆帳：一萬箱蘑菇，區區20噸貨物，既然已經花錢運到了美國，要是再把它運回來，拆了包裝重新裝箱後又運回去，那可是豆腐出肉價錢，那樣不僅賺不到錢，還要貼上費用。在這個方面，你不能跟猶太人較真，只好將計就計算了。

日本人這麼一想，便提出：那麼就這麼辦吧。包裝不符合要求是我這裡的失誤，多出的部分就算我奉送的，不收你的錢了。可是，猶太商人偏偏不買這個帳，他說，多的部分我也不想要，問題是你沒有按照合約給我發貨，你違背了咱們之間簽訂的合約。按照商場上的規矩，您賠償吧！日本人一聽傻了眼：哪有這樣不知好歹的人呢？可是，誰叫自家辦事欠認真，造成錯誤呢！只好打落門牙往肚裡咽。最後，日本商人不得不按照「國際慣例」，賠付猶太人十萬美元違約款。至於那一萬箱的罐頭，還要想辦法去處理。

這個事件，在猶太人那裡是很典型的，它成為其他國家的人研究猶太商人商業精神的一個案例。後來，確實有不少人對這個案例進行分析。有的說，猶太商人之所以拒絕收那批貨，是因為他事先做過市場調查，認為只有每罐100克重量的罐頭符合消費者的習慣，更易於銷售。也有的說，有些市場管制比較嚴格的國家，是要嚴格審查你的進口貨物與報關單是否吻合的，假如有不同的話，那麼就會被認為是在有意逃避關稅，就會被罰款甚至會被追究法律責任。如果貪圖日本人「贈送」的那每箱50克的便宜而遭受處罰，豈不是因小失大！還有人說，猶太人就是這麼精明，一旦抓住了你的把柄，就會糾住不放，非得讓你受點損失不可。

在這個案例裡，猶太商人雖然並沒有設圈套給日本人鑽，可是日本人卻自己給自己套上了一根繩子。猶太人利用日本人的失誤，平白得到十萬美元的賠款，還免去銷售罐頭的過程和忙碌，何樂而不為？

但是，應當說，這些分析要是放在其他商人身上，恐怕都有些彈性運作，而在猶太人那裡，這樣做只是他們的一個習慣，一個必須堅持的原則。

對美國國務卿也不予通融

在以色列的首都耶路撒冷有一個酒吧，名字叫做「芬克斯」酒吧。這家酒吧以其優雅的環境和周到的服務受到人們歡迎。由於耶路撒冷長期以來一直是世界上的新聞熱點地區，許多國家的記者居住於此，都喜歡前來這裡逗留。但這家酒吧一躍成為世界著名的酒吧，卻是因為它對美國國務卿季辛吉的一次拒絕。

上個世紀70年代，喜歡搞「穿梭外交」的美國國務卿季辛吉前往中東地區對巴以和阿拉伯國家進行斡旋，希望能改善這一地區的緊張關係。他聽說了「芬克斯」酒吧的名字，也想去那兒休閒一下。由於自己和對方同是猶太人，季辛吉便親自打電話給酒吧老板，進行預約。季辛吉拿出自己出行時的

「慣例」，對酒吧老板羅斯先生說：

「我有10個隨從會一同前往，到時候，請你謝絕其他顧客。」

羅斯對季辛吉的到來表示歡迎，但是他卻說：「您能光臨本店，實感榮幸。但是我決不能因此而拒其他人於門外。他們大都是這兒的老顧客，也就是支撐本店生意的人。」

季辛吉聽羅斯這樣說，當然心中不悅，於是放下電話。

第二天，季辛吉大約是反省了自己，於是又去電話，說這次自己預定一張桌子，而且不影響別的客人前來。

但是，羅斯卻又回答說：「非常謝謝您的誠意，可是我仍不能接受您的預約。因為明天是星期六，本店休息。」

作為猶太人，季辛吉當然知道星期六對於猶太人的重要意義，可是，他已完成了在中東的外交使命，後天就要離開中東了。他希望羅斯老板能破例一次。不過，羅斯的回答依然很堅決：「不行。作為猶太人的後裔，您應當知道，星期六是個神聖的日子。」

最後，季辛吉只好放棄自己的要求。

「芬克斯」老板為了向來的規矩而拒絕季辛吉的預約的消息被報紙披

露，此事一時成為要聞而被大肆報導。羅斯的做法的確可以稱得上新聞，因為極少有別的國家或民族會為了遵守規矩而不惜得罪大人物的，不少地方的人如有類似的機會，哪怕是去討好大人物都來不及呢！

信用的勝利

著名的猶太富翁摩根最早的事業並沒有做得太大。他經營著一家咖啡館，雖然生活過得去，也不過是一個小老板而已。後來，他決定開拓新的事業，由於起初的資金有限，不可能進行大的投資，於是就和一些人合夥開辦了一家小型保險公司。開辦保險公司，是收益既大，風險也大的事情。如果保險業務不出現大的意外，不遇到大的理賠項目，那麼，股東們就可以坐在那裡賺錢，而且效益巨大；如果所保險種遇到大的天災人禍，必須償付大筆資金的話，那股東破產都有可能。

摩根加入的保險公司是專門保火災險的。摩根加入這家取名叫「伊特納火災」的保險公司不久，在紐約市就發生了一場很大的火災。火災發生地區正好是「伊特納」保險公司的業務範圍之內，由於燒毀的面積比較大，損失相當慘重，公司必須付出的賠償數額大到幾乎難以承受的程度。

在此情形下，不少股東承受不了打擊，紛紛表示想退出這家公司。當然，在目前這種形勢下要退出公司並不是那麼容易的，退出公司的方式是出售公司的股票，而公司遇到這樣的意外，你縱使想將股票脫手，恐怕也沒有這麼傻的人，偏偏這個時候來購買。可是要是不能退出公司，這些人要將自己一生辛勞賺來的錢用來做對投保者損失的賠付，又的確不那麼心甘情願。公司面臨內外交困的局面，真是有些騎虎難下。

這個時候，摩根挺身而出了。首先，他意識到，「伊特納火災」保險公司既然與投保人簽定了合約，那麼這個合約是一定不能違背的。違背合約，不僅法律不允許，上帝也不允許。其次，火災的發生，賠付的兌現，當然使公司遭受巨大損失，但同時也是對經營者眼光的一種考驗。既然合約不可能違背，那麼要考慮的不是賠不賠的問題，而是能不能借助這次事件，將壞事變成好事的問題。「伊特納」公司如果在這樣困難的情況下信守與投保者的契約，那就一定會給公司帶來最佳的信譽。

於是他決定，拿出自己的錢，將那些退股者的股票買下——這意味著賠付的款項將由他這個大股東擔負大部分。錢不夠，他便毅然將自己以前買的一家旅館作價賣出，湊夠了理賠款。摩根的代理人帶著這些款子到紐約受災地點一家一家進行賠付，錢用光了，但是卻帶回了好東西——大筆的保單。摩根的做法贏得了投保人的信任，他們不但繼續在這家公司投保，而且還介紹了許多新的客戶前來參加。摩根大幅度地提高了公司的保險手續費，依然沒有擋住人們投保的熱情。事後一算帳，摩根先生的帳戶上淨進帳達15萬美元。信譽就是金錢，契約就是生命。猶太人摩根用自己的行動再一次將這個道理做了完美的證明。

吃虧是福

有一個猶太人寫道，在他12歲的時候，他和父親經歷了一次影響他一生的事情。那時，他還並不懂得經商的意義，一天下午，他在父親經營的家具店裡打掃地面。

這時，店裡來了一位上了年紀的老婦人。他對父親說，這回就讓他來接待這位婦人吧。父親說：「好吧，就看你的了！」那位老婦人走進店來，少年問她是否需要什麼幫助？婦人回答說：「我以前在你們這家店裡買了一張沙發，可現在它的一條腿掉了。我想知道，你們什麼時候能幫我修好？」

「夫人，您什麼時候買的？」

「有10年左右了吧。」

他跟父親說，這位顧客想讓他們免費為她修理10年錢買的舊沙發。父親的答覆竟然是：「你告訴她，我們下午就到她的家裡去。」

下午，父親帶著他來到老婦人的家裡，給她的沙發換上了一條腿。回來的路上，這個猶太少年心裡不太高興，所以一聲不吭。

父親問他為什麼不高興，他說：「你當然心裡明白。我想去上大學，可總是這樣大老遠地給人家免費修沙發，到頭來能掙幾個錢？」

父親告誡他：「不能那樣想。你得尊重你的顧客。學著做一些修理的活對你沒有什麼壞處。另外，你忽視了一個細節。當修理沙發的時候，你注意到了沙發底部的標簽嗎？那張標簽是西爾斯家具店的，說明她那張沙發是從西爾斯家具店買的。」

「你的意思是，我們為她修理沙發，一分錢不收，而她根本就不是我們的顧客？」

父親卻鄭重地說：「不，現在她是我們的顧客了。」

兩天之後，那位老婦人再次光臨他們的家具店，而這一次，她一下子買走了價值幾千美元的新家具。

這次經歷，給他留下了深刻的印象。成年以後，他做起了銷售工作，給各種不同的公司做代理，不論到哪家公司，他的業績都是做得最好的。因為，他每次都是抱著對顧客的真誠尊重去工作的。他認為，那天下午父親對他的教誨成為他人生的座右銘。

即使受騙，也不要報復

有一次，洛克菲勒的兒子與一家叫ＲＯＭ的公司做一筆生意時，由於相信對方的誠意而被耍弄了。他為與該公司簽訂一份合約，進行了很長時間的準備，付出了很多的心血和努力。他的心裡很沮喪，甚至對對方產生了一種報復心理。這個時候，他的父親老洛克菲勒以一個成熟的企業家的心態對兒子發出了勸告。他說：「最終卻是這樣的結果，的確讓人感到難過。也許你會因此記恨對方很長一段時間，但是我希望你自己卻不要因此而變得頹廢，喪失你以前樂觀和上進的精神。」

洛克菲勒用較長的一段筆墨提醒兒子今後如何應對這種不講信譽的公司，學會識破對方的騙局，然後說：

你相信嗎？對方這種品行不好的人一定不能在商界長久的立足。因為企業界說大就大，說小也小。一個品行不高的人，今天騙這個人，明天又騙那個人，騙來騙去，就會使自己的企業陷入絕境。不誠實的行為，必然會產生不良好的後果。所以，你不必一直計較別人的人格，而時時注意自己人格的完美，才是最重要的。

……

不誠實地履行和客戶所簽訂的合約，確實有可能在短時期內使你獲得更多的利潤，掙到更多的錢，但是，當你將眼光放得長遠一些的時候，你就會猛然發現，那實在是得不償失。當你這樣做，其實就是在為自己鋪就一條走向失敗的道路。如果你真想幹出一番成就，就要盡量避免這種情況的出現。不管如何，都不能給客戶留下不誠實的印象。

這一次你被別人騙了，是不是你也想找一個客戶來洩恨？如果你真有這種想法，我也不怪你，因為這是人之常情。換作我年輕的時候，也許也會有這種想法。從自尊心的角度來講，你把自己所遭受到的欺騙，轉嫁到別的無辜的人的頭上，確實可以使你獲得一點心理上的平衡。

但是，你想過沒有？一旦你真的這樣去做，那你的損失可就大了。本來，你完全可以把那些被欺騙的合約視為一開始就不存在。而現在，你卻對一些新的、本來可以帶來效益的合約進行報復打擊，那你的損失不是更大嗎？

老洛克菲勒認為，兒子這次遭受的刻骨銘心的經驗，對以後的人生道路，會有很大的幫助。以後他再和客戶打交道時，會多加小心，慎之又慎，而這，正是這次代價換來的巨大收獲。

品德是信譽的擔保

銀行大王萊菲斯特年輕的時候度過了一段異常艱難的日子。那個時候，找工作都很難，萊菲斯特因此生計維艱。但是，盡管再艱難的條件下，他並沒有自暴自棄，也沒有喪失自己的正直和良善之心。

有一次，他來到一家大銀行求職，可是，一見面就被董事長給拒絕了，原因就是現在並不急需用人。

萊菲斯特此時已是第52次求職失利，心情當然很沮喪。他滿心沉重地走出銀行，沒想地上有一枚圖釘將他的腳給刺破了。他想：偏偏這個時候，誰都和我作對！但他又想道：再也不能讓這枚圖釘去扎別人的腳，於是就將它拾起，放到該放的地方去了。

他的這個不經意的行為被董事長看見了，第二天，銀行給他寄來一張錄用通知書。萊菲斯特後來回想，是自己的品德給董事長留下的深刻的印象。的確如此。那家銀行的董事長認為，萊菲斯特在求職被拒絕的沮喪時刻，仍然能這樣謹慎細致地替他人考慮，這種人是值得信賴的，而這也是一個人取得成功所必須具備的條件。

遺產中的伏筆

猶太人重視合約，所以他們總是不肯違背它。但是，他們卻也善於利用合約來達到自己的目的。據說，古代有一個猶太人，他有一個聰明的兒子。為了將兒子培養成材，他將兒子送到猶太人的聖城耶路撒冷去學習知識。他手下有一個奴隸在家中幫助幹活並且照顧他。隨著猶太人年紀增大，身體也越來越不行了。好在那個奴隸一直勤勤懇懇地照料著這個家，也對主人的日常起居和身體的將養盡到了很好的責任。對奴隸的忠心，他心裡很感激，但對於兒子，他同樣十分思念。可是，兒子還沒學成回來，他的身體已經漸漸不行了。他知道等不到兒子回來，就寫下了一份遺囑，說是將自己所有的遺產都留給這個奴隸，至於兒子嘛，他可以選擇保留自己的任何一件東西，但僅僅只能是一件！

奴隸看到這份遺囑，自然很高興，所以在主人臨終前的日子裡，更是竭盡全力地照應主人，直到主人去世並下葬。辦完主人的喪事，奴隸便趕到耶路撒冷去向主人的兒子報告消息，同時將主人的遺囑帶了去。兒子聽說父親去世的噩耗，自然十分悲痛，但是看過了父親留下的遺囑，又感到不可思議。父親怎麼能這樣呢？難道自己的兒子還比不上家裡的奴隸嗎？兒子求學在外，雖然不能在跟前盡孝，但這也是按照父親的意願去做的呀！再說，即使兒子不能盡孝，是家裡的奴隸對父親百般關照才使得父親在自己外出求學時生活有著落，患病和臨終時都減少了許多痛苦，應當對他進行報答，但適可而止就行了，為啥要把幾乎所有的遺產都留給他，卻給自己的兒子只留下一樣呢？兒子怎麼樣也想不通，於是在見到自己的老師拉比的時候，不由得向他倒出了苦水。

拉比說，把你父親的遺囑給我看看。猶太人兒子將父親的遺囑掏出來，雙手捧給老師。拉比仔細地研究了遺囑以後，對自己的學生說：你可得非常慶幸自己有這樣一個充滿智慧的父親。兒子大惑不解地問：我對自己的父親早已經非常了解，為什麼在他死了以後反倒要慶幸？

拉比指著遺囑上面的話對他說：我們猶太教不是規定奴隸的一切都屬於主人嗎？你父親指明了給你一樣財產，而且可以任你挑選。那麼，你要是有足夠的智慧的話，你會挑選哪一樣呢？如果別人遇到這樣的情況要你做參謀，你會幫他出怎樣的主意呢？

俗話說，當局者迷，旁觀者清。由於猶太人的兒子剛處於喪父的痛苦之中，而遺產問題又是他自己面臨的問題，所以對父親在遺產中留下的伏筆沒有留心到。經拉比這樣一點醒，他瞬時恍然大悟。於是按照父親在冥冥之中的指點，挑選了父親遺產中的一件「東西」——那個奴隸。

從這則故事中我們可以看出，猶太人對於契約的觀點一點也沒有變化，可他們卻善於利用特定的情境，通過契約來為自己的目的服務。雙方之間的合約屬於契約，單方面的遺囑也屬於一種契約，因為遺囑總是在立遺囑人死後才生效，所以這可以看作是死人對活人的契約。既然是死人對活人的契約，那麼死人是沒辦法看到這種契約最後到底能不能被完全不走樣的執行。那麼，這種契約的實行一方面要借助法律和道德的力量，另一方面，最好也要讓執行人盡可能地願意接受才好。分析上面那個猶太人所立的遺囑，我們可以發現他在遺囑裡面所設的「局」。

第一，因為家裡的奴隸對他實在忠心耿耿，特別是他正在病中的時候，更加不能離開這位奴隸對他所進行的照顧，因此，立下這麼一個遺囑，當然是為了讓奴隸第一個知情，也是為了讓他心存感戴，而在最後的時刻不放鬆自己的責任——我們以小人之心設想一下：假如猶太人的遺囑不這樣立的話，那個奴隸見到主人已經不行了，為了自己的利益放棄對主人的責任而自奔前程去了，猶太人臨終的日子豈不是非常淒慘的嗎？而更有甚者的是，要是這個奴隸在最後的時刻起了黑心，乘主人病危或病亡，捲起主人的家產逃亡外地，那主人的兒子不要說繼承遺產，連學都可能上不下去了。而猶太人在遺囑裡說把所有的遺產（除了兒子挑選的一樣以外）都留給奴隸，這份遺產來得正當，他就沒有必要，當然也就絕對不會去鋌而走險了。

第二，從上面的情況我們已經可以看出，猶太人真正的用心還是想將遺產全部都留給兒子，但在遺產裡面卻一定不能寫明白。因為兒子不在身邊，如果在遺產裡將這層意思寫得一目瞭然的話，那麼奴隸就會看出主人的真正意圖，反而會對主人的「自私」更加反感，這份遺囑的效果就會適得其反。因此，他只能將自己真正的意圖寫成「潛台詞」。

第三，他知道，奴隸是沒有多少文化的，只要把遺囑的表層意思告訴他，他必然就會按照表層的意思去理解。而自己的兒子是讀書人，讀書人當然更容易理解文件裡面設計的潛台詞了。而且，即使兒子讀不明白，還有兒子的老師，那無所不知，無所不懂的拉比呢，拉比一定會看出一切的。

就這樣，這個猶太人在一切都完全合理合法的情況下，在讓所有相關的人都會得到心理滿足，因此能夠保證自己的目的完全得到貫徹的情況下制定出這樣一份頗具心機的文件。

要是從做人的境界上看，這個猶太人其實也並不怎麼樣，但是，盡管他隱藏著自己的私心，但他作為一個「契約之民」，是一定不會毀壞自己這方面的名聲的。

創造條件履行法律

以色列剛剛建國的時候，住房相當緊張，幾位從德國移民過來的猶太人不得不居住在一節報廢的舊火車車廂裡。按照德國的法律，火車裡的廁所只有在行駛當中才能使用，火車停下時，車上的廁所是不允許使用的。雖然這幾個猶太人是把火車車廂當作住房來用的，可是他們在上廁所時又按照思維定勢，按照在德國多年積累下來的習慣，把這個「住所」當作火車車廂了。

既然這節車廂已經報廢，所以不可能移動，更不可能行駛，這幾個德裔猶太人便商定，在一個人需要用廁所的時候，其他人便下來推動車廂讓它在軌道上移動。一天晚上，一個本地猶太人看見幾個德裔猶太人身穿睡衣，在寒風中瑟瑟抖著身子，一邊來回地推著一節火車車廂的時候，好奇地問：

「你們究竟在做什麼？」

那幾個德裔猶太人回答：「我們之中有一位正在用廁所呢。」

這個故事，讓人發笑，覺得這些猶太人真的是不可思議，甚至是不可理喻。那雖然是一節火車車廂，可是現在它已經不再行駛了，已經被改造成臨時住房了，那麼鐵路上的有關規矩自然可以不再施行，車廂裡的廁所理應把它當作住宅廁所看待，為何還要對那已經不再適用的法律照章遵守呢？

不過，倘若我們設身處地替猶太人想一想，就會知道，猶太人對法律和規章的自覺遵守，除了他們與上帝曾經達成過契約而外，其實更主要的就是，千百年來，他們這個民族一直過著流離失所的生活，他們居住在別人的土地上，必須「仰仗」於別人的寬容和「恩賜」才得以繼續在那兒生存下去，倘若稍有差池，被人揪住辮子，說不定就會遭來驅逐的噩運。因此，他們首先必須做到的就是，要盡可能地、百分之百地遵循當地的法規法紀，這樣才不容易給別人找碴的機會。

回過頭來再說那幾個德裔猶太人推火車車廂的事。從另一個角度看，這件事裡其實也透著猶太人的聰明，那就是，「你有政策，我有對策」，你規定火車的廁所必須在移動的時候才能使用，那麼在它不可能移動的情況下，我哪怕用人力也要使它動起來。在這裡，我們又可以套用一句曾經流行一時的語言：「沒有條件，就必須去創造條件。」應當說，猶太人正是創造條件的高手。

「不可告人」的目的也必須在信守契約的前提下

法律，也是一種契約，而且，對於任何一個國家的公民來說，是最為重要的契約。這種契約不是個人與個人之間簽訂的，而是作為全體公民的代言人及管理者，和所有的公民簽訂的。所以，任何一個國家的公民都必須遵守本國的法律。如果你不是這個國家的公民，但是一旦來到這個國家，或者與這個國家發生不可分離的關係，當然也就必須遵守這個國家的法律。

當然，由於各個國家的民族利益不同，民族精神不同，民族傳統也不同，因此它們之間的法律也存在著各各不同的特點。每個國家的法律其實都是在繼承自己民族習慣和風俗的基礎上制訂出來的。尊重別國的法律，也就是自動地履行與該國民眾的契約。

也有些法律確實是根據特定的歷史情況來制定的。比如第二次世界大戰期間，日本有這樣一個法律：即日本駐外使領館簽發經過日本前往第三國的簽證，是以家庭為單位開出的，而日本人當時對家庭平均人數定出的具體標準是每個家庭6人。此時，希特勒德國正在歐洲一些國家加緊迫害猶太人。由於日本與德國是盟國，那些急於逃出即將淪陷於德國的猶太人便想到了經由日本轉道求生的辦法。雖然日本照常發出轉道簽證，但採取這種辦法的猶太人很多，簽證的辦理並不是那麼容易，假如要每個人都取得一份簽證，根本是不可能的。於是，在日本的一個營救組織的成員猶太拉比卡利什想到了一個辦法，就是利用日本的法律規定，讓猶太人組成6人一組的團體，各自以家庭名義取得簽證，轉道離境。

這個辦法當然很好，既符合日本的法律，又能使更多的猶太人免遭納粹迫害。於是卡利什拉比便拍發了一份電報，意圖把這個辦法傳遞給那些等待在立陶宛的同胞。但是，這種表面上尊重日本法律實際上是利用法律條文的辦法絕不能公然明示，於是，他這樣寫：shishOmiskadshimb,talisehad.日本人當時對所有在本國的外國人的電報都加以追蹤，他們截獲了這份電報，卻弄不懂這句話的意思代表什麼。

於是，他們的函電檢查官立刻把日本猶太人委員會的萊奧・阿南找來訊問，要他解釋這份電報是什麼意思，裡面為什麼要出現「6個人」這樣的字眼？萊奧・阿南看了電報全文，他說，這不過是猶太人與遠在立陶宛的朋友討論有關猶太人宗教禮儀方面的問題，因為那句話在這兒的意思是：「6個人可以披同一塊頭巾進行祈禱。」見萊奧・阿南的解釋非常有道理，日本人只好放棄了對這封電報的追問。

上面那句話，的確出自猶太人的經典《塔木德》，而且是這部經典當中的一句著名格言。但是，卡利什拉比卻巧用經典，將一句不能公開講的話隱晦地傳遞了出去。猶太人在絕對尊重日本法律的前提下，實現了自己的意圖，許多猶太人就這樣逃離了危險。這個民族的人充分尊重各種法律與契約，哪怕是「不可告人」的目的，也是在絕對信守契約的前提下達到的。

按照法律納稅是踐行對國家的契約

有一個人到海外旅行，那個地方盛產鑽石，不但品種豐富，而且價格非常便宜。這個人一時動了心，買下大批的鑽石帶回國。可是，回來的時候，他不願意交稅，因為國內對鑽石徵收的稅率很高，如果按照規定交稅的話，那得付一大筆錢。於是，他就抱著僥倖的心理，想偷偷將鑽石帶過海關。可是，沒想到海關的檢查很嚴格，結果他所攜帶的鑽石被發現而遭到了扣留。

有個猶太人聽到這個消息，大感驚奇，不禁為這個人感嘆：鑽石的關稅最多不超過百分之二十，這個人交了稅之後，再將鑽石提價賣出去，依然要比當地便宜，這樣既不違背法律，又不會遭到損失，這麼簡單的計算怎麼就算不來呢？猶太人經商能力很強，他們給「駐在國」交納的稅金也很高，他們不願意偷稅漏稅，這是民族的契約觀念決定的，當然也與他們寓居各地，必須時時處處都小心翼翼地遵守當地法律，不給人留下話柄。所以猶太人在經營每一筆生意的時候，他們的帳是先把稅金包括在裡面的。

當然，說猶太人很遵守各個國家的稅收制度，並不是說他們甘心把自己辛苦掙的錢隨意奉送。他們總是在細心研究相關的法律制度，盡量在合理的範圍內減少不必要的付出，也就是說，他們可能會採用「合理避稅」的手段免交那些能夠省下的稅金，但他們的原則是不能踩線，不能違背人與上帝（包括與國家）的約定。

手套經銷商泰勒的行為可以算得上是猶太人當中最為大膽的避稅行為，幾乎就可以視做有意逃稅了。但是，由於他在表現方式上並不與法律明顯衝突，所以即使法律也奈何不了他。

上個世紀有過一段時期，法國生產的手套大舉進入美國市場，對美國手套廠家造成很大危害。那個時候，還沒有所謂《反傾銷法》出現，美國為了阻擋法國貨對本國市場的衝擊，將法國手套的關稅提到很高。泰勒為了少付關稅，想出了一個令人叫絕的點子。

他在法國訂購了一萬套質地優良的皮手套，然後先將所有的左手手套集中裝箱發往美國。這一萬隻手套運到美國海關之後，泰勒卻有意不去提貨。按照海關的規定，貨物到了港口之後的若干時間，若還沒有人前來提貨的話，則視為無主的貨物，海關有權將其拍賣。當有關人員打開箱子一看，發現所有的手套都是左手的，這樣的貨物肯定賣不出去，於是只好以很低的價格競拍。當然，前來參加競拍者寥寥無幾，沒有人會花錢將這批無法出售的手套買回去，買主自然非泰勒莫屬。以後，泰勒又想法把那一萬隻右手手套運進海關，結果海關稅也減少了一半。不久，當海關醒悟過來後，卻無法依據現有的法規對其進行處罰。

契約高於邏輯

我們在前面講了猶太人因信守契約而為人所乘的故事，也講了他們利用合約來實現自己的目的的故事。總的說來，由於他們對於契約的信奉簡直達到了崇拜的程度，所以一方面他們不可能做不履行契約的事，而另一方面，對於契約的諳熟與精通，他們並不像別人所想像的，會被契約束縛手腳，反而倒是常常利用自己的聰明智慧和嫻熟老到，讓契約成為自己的幫手。

下面這個例子再一次說明這個問題。

猶太拉比加利在一個猶太教區為那兒的貧困人口做服務工作。那個時候，世界經濟還遠沒有發展到今天這種程度，因此有一些猶太人的生活還處於窮困當中。冬天到了，這個教區的居民卻還沒有足夠的煤來過冬，因為他們沒有足夠的錢買煤。當然，加利本人也沒有這麼多錢來幫助人們解決困難，但他卻想到了一個辦法，一個絕對可靠而又有效的辦法。

他找到一個經銷煤炭的商人，和他洽談買煤的事情。不過他首先表示，希望那個煤炭商人能夠看在上帝的份上，捐助一批煤炭給這兒的窮困的居民。那個商人說：「我可不會白送東西給你們。不過，我可以半價賣給你50個車皮的煤炭。」

於是，加利寫信說，讓煤炭商先運25個車皮的煤炭來。煤炭運來後，這個猶太教區的人卻沒有付錢，並說煤不用再運了。

煤炭商見此情況非常的氣憤，他發出了一份措辭強硬的催款書，說如果加利拉比再不付款，他將被起訴。

很快，這個商人收到一封回信，信上這樣說：「閣下您的催款書我們無法理解。您答應賣給我們50車皮煤減掉一半，25車皮正好等於您減去的價錢。這25車皮的煤我們要了，而那25車皮的煤我們不要了……」

煤炭商人自然氣憤不已。猶太人這樣子理解他們之間訂立的契約，簡直就是「歪批《三國》」嘛！從邏輯的角度講這種理解是不能成立的，因為煤炭的一半價格並不等於一半煤炭的價格——二者僅僅在價格上沒有區別，但是在事件本質上卻有著根本區別。但由於這件事牽涉到「慈善」這樣一個敏感問題，煤炭商人只好不了了之。

契約甚至高於邏輯，這就是「契約之民」的特點。

猶太人的守約和誠信，對現代商業精神的貢獻

「無奸不成商」，這是中國人的一貫認識。這話並非沒有來由。首先，商人的確多數是唯利是圖的，因為，經商的第一要務就是掙錢。在中國這個歷來以農為本的社會裡，商人的地位一直很低下，從兩千多年前，社會階層的劃分就是按照「士農工商」的秩序來定的。所以，願意從事經商這個職業的人，也許是迫於生計，但可以肯定的是，大多出於天生對於金錢的愛好與追逐。而在古代那個缺乏法治精神的時代，市場交易的隨意性很大，很多行為並沒有法律的明確限制，不像猶太人的《塔木德》，就連對秤盤、容器的清洗都做出了具體規定，所以，商人們為了多賺錢，當然就很容易採取各種欺詐手段。而反過來，這也大大損害了商人們的聲譽。中國古代也有講誠信

的要求，在儒家經典著作裡，就有許多關於「言必信，行必果」的說法。但中國這個信奉「上智與下愚不移」的國家，對於「禮」的設定，是從王族、貴族和士這些階層的角度來考慮的，而草民根本不在「禮治」的範疇之內，所以，像孔子們所論述的觀點，其實都並不是對於全民的要求，而僅僅是對於統治階級的要求。中國古代流傳的誠信故事，都是具有政治含義或人格含義，而並不指涉經濟層面的。既然社會並沒有對商人們提出明確的誠信要求，同時又把他們的「奸猾」看做是天然的，不可避免的，因此商人們也就沒有必要去對自己的行為去進行規範，只要不觸犯刑律，他們樂得膽大妄為，巧取豪奪。但是，在猶太人那裡卻完全不一樣。

《塔木德》對於經商行為的規範，一直影響到後來，影響到現代。現代商業的誠信理念，可以說就是脫胎於猶太人的商業信條。只不過，過去是以《經典》的方式流傳，而現在則以法律的方式固定罷了。

第6章

崇尚智慧，善動腦筋——創新力

谷歌對華爾街的清洗

大家都知道，華爾街是美國乃至全世界最著名的金融中心，這裡雲集了眾多世界級的金融大亨。從19世紀起，這些人在這裡上下其手，翻雲覆雨，攪得世界經濟不得安寧。然而，到20世紀尾聲的時候，有一個年輕人憑著他傑出的創造力，打破了傳統富翁們對巨額財富的壟斷，在短短的幾年時間裡，由一個普通的輟學博士生一躍而登上《富比士》富豪榜，成為美國最富有的四百名富人之一，而且位次排在50名之前。

這個人名叫謝爾蓋・布林。

謝爾蓋・布林出生在前蘇聯一個猶太人家庭，5歲的時候隨父母移民美國。來到美國後，布林的父親擔當了馬里蘭大學的數學教授，母親則成為美國太空總署的一名專家。布林的聰明是過人的，還在讀小學的時候，他就設計出一份有關電腦打印輸出的新方案，讓老師大感驚奇。後來，他的學業一直非常順利，他進入著名的史丹佛大學讀書，後又越過碩士這個階梯直接免試攻讀該校的電腦專業博士學位。但是，讓人沒有想到的是，就在這個時候，他竟然做出了和比爾・蓋茨同樣的抉擇：中途退學，去從事創業。

教授父親和專家母親的經濟收入在美國當然屬於中產階級，不過謝爾蓋・布林創業並不借助於父母親的力量。在一個已經不再使用的舊車庫裡，謝爾蓋・布林和他的同窗好友賴利・佩吉兩人合作創辦了一家高科技公司。公司的第一筆創業資金10萬美元，這是一九九八年。

還是在上大學的時候，素有「神童」之稱的謝爾蓋・布林就發明了一種超文本格式的互聯網搜索系統，現在，他們選擇的創業之路正從這裡起步。Goodle谷歌搜索引擎剛開始服務，每天的使用次數就超過一萬次。

一九九九年，有兩位風險投資家看好謝爾蓋・布林的發明，向Goodle注入資金二千五百萬美元，使得Google的發展進入一個新的階段。很快，Google的日搜索量躍升到三億次。Google開始上市了。在上市方式上，謝爾蓋・布林採取了一種嶄新的方式，進行IPO定價（IPO定價就是指新股進入市場之前的定價是一種不完全信息條件下的博弈行為），他的這一舉動被媒體稱為是「對華爾街的清洗」。不過數年時間，謝爾蓋・布林和他的同伴賴利・佩吉雙雙躋身億萬富豪行列。

一場翻天覆地的變革

奧運會是一個鼓勵創新、實現創新的場所。每隔四年，在地球某座城市裡舉辦的這種規模盛大的運動會，都聚集著世界上最著名的運動員。他們在這裡亮相、獻技、比賽、競爭，不斷創造和刷新世界紀錄，不斷突破人類的極限。這是一個令人興奮和激動的舞台。

但是，歷來，這座舞台同時又是一架消耗金錢的機器。千千萬萬個運動員從各個國家來到這裡，他們的吃住行，他們的安全保衛，他們所需要的運動場所以及獎勵給他們的榮譽獎牌等等，都需要大筆的錢才能解決。因此，從第一屆奧運會開始，大凡舉辦奧運會的國家，都必須從國家財政支出一筆特別的開支，用於這項能展現國家實力、威望和榮耀的項目。問題是，隨著運動水平不斷提高，隨著人們眼界不斷拓展，也隨著一屆接著一屆相互攀比，舉辦奧運會的支出越來越大，不少國家都體會到難以承受之痛。

當一些國家領導人和奧運會的主管官員們坐在開幕式或閉幕式的觀禮台上，欣賞著那些精美絕倫的舞蹈節目的時候，他們的心裡卻在悄悄嘀咕：這種人類的體育盛會，它會因巨大的財政負擔而難以為繼而壽終正寢嗎？

一位聰明的猶太人解決了這個問題，他就是居住在美國的尤伯羅斯。

上個世紀80年代美國洛杉磯奧運會，身為商人的尤伯羅斯主動請纓，說是不要政府投資，自己將奧運會的全部經費包下來。當然，他提出的要求就是准許他採取市場經營的手段，來進行籌款等一系列的運作。洛杉磯市政府當然求之不得，完全滿足了他的要求。

那麼尤伯羅斯是怎樣運作的呢？以前，舉辦奧運會的收入一、是廣告，二、是門票。門票收入實際上很有限，因為票價賣得太高不可能，畢竟人們的收入有限，而以前的廣告也是按照歷來慣例收費，所得不足以彌補越來越高的支出。這回尤伯羅斯規定，他只接受30家企業前來奧運會場地做廣告，數量大大地做了限制。但是，廣告收費卻大幅度提高，即每家來做廣告的企業，至少收費四百萬美元。因為他知道，企業不論大小，一律能來做廣告的話，收費必然不可能抬得太高，而限制少量的企業前來，就只有世界級的大企業才做得起。並且這些頂級企業花四百萬美元，只是區區小數。

30家企業，每家收費四百萬美元，僅這一項加起來就有一億兩千美元，用來舉辦奧運會已經就相差不遠了。同時，他又出售奧運會電視轉播權，並將以前不收費的廣播電台轉播改為也要收費轉播，這兩項加起來甚至超過企業廣告收入，達到兩億八千萬美元。他發現許多美國人都願意參加奧運會的火炬接力跑，因此破天荒地提出出售接力跑的名額，每跑一英里，須繳納三千美元。這一來，參加者反而趨之若鶩。另外，他還將運動場上的最佳看台變相「出售」，即只要願意向奧運會提供贊助（價碼兩萬五千美元），每天可獲得兩個最佳的座位。還有，他還要求想到奧運會上做生意，比如推銷商品售賣食物等等，須先提供50萬美元的贊助經費。

由於採取了市場運作的方式，那些買到電視轉播權的電視台當然要盡力運用這個機會大大展示自己的功能，這樣，又明顯提高了這屆奧運會的宣傳效果，導致觀眾如潮，體育場天天爆滿，門票場場暢銷。組委會設計了吉祥物、紀念品，第一次高價出售以獲取收益。

最後，計算出收支結果為：本屆奧運會一共創造了盈利兩億五千萬美元。這個數字，令所有關心這場運動會的人吃驚不已，且大為欽佩不已。

挑動、挑逗、挑選，坐收漁利

尤伯羅斯的做法，開創了奧運會舉辦的一種全新模式，以後，各個國家競相模仿，使得這項幾乎要陷入困境的運動會又「柳暗花明」，躍上了新的台階。要總結尤伯羅斯的做法，可以得出很多的經驗，歸納出很多條目來。僅從他吸引廣告客戶的手法上，我們便能看到猶太人善於利用人的心理，善於製造衝突，並在衝突中形成機會的本領。

尤伯羅斯在選擇廣告商的時候，確定了30個限額，同時，他還規定，這30個限額不能產生於同一個行業，也就是說，每個行業只能有一家企業入圍。既是「一家」，那就是「唯一的」，而這在企業一方會形成這樣的心理：只有最好的企業才能成為這個「唯一的」，也才能代表這個行業的形象。於是，就必然會抬高競標者的心理期望值。我們曾看到很多企業過去在做廣告的時候，都喜歡競相用「最佳」、「最棒」、「最完美」之類的形容詞，就是想要在輿論上占據一個制高點，將所有的競爭對手比下去。盡管國外一些地方《廣告法》規定不能允許企業採取這種並無根據的排它法來揚己抑人，但是，在潛意識中，他們還時不時願意使出這一招來。而尤伯羅斯的方案，正好把所有參與競爭的企業的胃口吊了起來。

我們先看看世界上當時最大的兩家膠卷生產企業是如何為尤伯羅斯的計劃而開展競爭的。尤伯羅斯同時和美國的柯達公司和日本富士公司聯絡本屆奧運會的廣告事宜。柯達公司自認為是世界感光膠片生產的老大，所以對尤伯羅斯要價四百萬美元感覺過分，因此拒絕出這麼多錢。他們按照以前的慣例，只肯出價一百萬美元，同時贊助一批柯達膠卷。這個答覆當然尤伯羅斯不會同意，於是輪到富士公司出馬了。富士公司敏銳地感覺到這次情形和以前不一樣，不能用以前的眼光來看待奧運會的廣告競爭了。而且，他們還把這次機會看成是由此進軍美國市場的一次極好機會。於是便在同意底價的基礎上，與尤伯羅斯討價還價。最後，以七百萬美元獲得了洛杉磯奧運會的獨家贊助權。果然，富士公司的判斷是正確的，後來的事實也證明他們的巨額投入是值得的。當奧運會結束後，富士公司順利進入美國，奪取了原本為柯達壟斷的一部分美國本土市場。柯達公司痛定思痛，將公司廣告部經理給予撤職處分。

同樣是世界上最大的兩家飲料生產企業：可口可樂和百事可樂，總部都在美國。它們之間的競爭就屬於「窩裡鬥」了。上一屆莫斯科奧運會上，百事可樂戰勝可口可樂而奪得頭籌，占盡風光，因此很有些自鳴得意起來。他們也是認為尤伯羅斯獅子大開口，對這麼高的價碼表示疑問和猶豫。可就在他們猶豫不決的時候，可口可樂卻下定了捲土重來的決心，要一舉將百事可樂的風頭蓋下去。他們為了不給百事可樂以還手的機會，他們一下子就將贊助費提到一千三百萬美元，這比尤伯羅斯的底牌高出三倍還有多。尤伯羅斯暗地裡笑得合不攏嘴，但表面上卻不露聲色，用他的三寸不爛之舌，讓可口可樂感到他們並沒有吃虧，而是占了便宜。

對於電視轉播權，尤伯羅斯採用的也同樣是這種辦法，刻意營造出一種「賣方市場」，讓買家來競相爭奪的氛圍。美國兩家最大的廣播公司ＡＢＣ（美國廣播公司）和ＮＢＣ（全國廣播公司）都被尤伯羅斯派去的人挑動起來。不僅如此，他還親自前往兩家公司分別鼓吹宣傳，引起它們之間一場全力以赴的競爭，結果，又把一筆巨款收入囊中。

當然，有錢好辦事。收了這麼多錢，洛杉磯奧運會的舉辦從場地設計、賽程安排、運動員的吃住行直到讓人眼花繚亂的閉幕式，都空前地讓人感到滿意，感到振奮，在十分完美中劃下了句點！

小鳥是怎樣搶占獾的蜂蜜的

獾在樹林裡找到一個大蜂窩，它把這個蜂窩捅了下來，趕走蜜蜂，美美地飽餐了一頓。一隻小鳥飛過來，啄食剩下的蜜，獾在一旁懶洋洋地看著，並不阻攔。可是，這隻小鳥吃飽了蜜後，又把未吃完的裝進罐子裡，準備帶走。獾不高興了，它攔住小鳥說，這罐蜜應該是它的，因為是它從樹上把蜂窩給捅下來的。

小鳥想了想，說：「那好吧，現在時間不早了，爭論也沒有用。不如我們先把這罐蜜埋起來，等明天早上，誰來得早，就歸誰吃，怎麼樣？」

獾答應道：「這還差不多，總得有個規矩嘛！」

猶太人就像這隻小鳥一樣，在沒有辦法的時候它能想出辦法，在沒有規矩的時候它也能創造規矩，將被動的情勢轉化為主動。

洛克菲勒一度和泰特華德油管公司成為競爭對手。泰特華德油管公司為了壟斷從石油產地通往安大略湖畔的威揚油庫的石油管道運輸業務，敦促巴榮郡議會通過了一項議案，規定除了已經鋪設好的管道，再不允許有新的油管經過這個地段。而洛克菲勒當時正制定了一個宏大的計劃，就是想把他的公司的石油業務擴展到整個美國的各個角落。為了實現這一計劃，必須有一段管道與泰特華德公司的管道重疊。可是，巴榮郡議會的議案擺在那裡，如何突破這個關卡是個很大的難題。但是，再大的難題也難不住聰明的腦子。在一個月黑風高的晚上，洛克菲勒親自帶著一幫人悄悄來到巴榮郡境內，他們用鐵鍬挖出一條溝，在溝裡埋入輸油管道後，又悄悄離開。

洛克菲勒的美孚石油公司「違反」議案的行為很快被發現，於是在泰特華德油管公司的慫恿下，巴榮郡政府準備起訴美孚公司。然而，洛克菲勒也同樣向新聞媒體大做文章：郡議會的議案明確規定除已經鋪設的管道外，不准再鋪設新的管道，可是我們美孚石油公司的管道已經在郡境內進行了鋪設，我們將要做的，不過是把這條管道完成而已。請記者們前去參觀，看看是不是如此。

結果，由於議案本身的不嚴謹（它並沒有說明「已經鋪設」是從哪一天算起），起訴明擺著不能取勝，巴榮郡議會只好眼睜睜看著他們的議案變成一張廢紙。

如果說，洛克菲勒這個例子還不算創新，只是玩弄花樣的話，那麼下面這個例子就真正屬於從無路的地方開出一條新路了。

一八七一年，普法戰爭以法國的失敗而告結束。戰爭耗費了大量的軍費，也大大影響了經濟運行，可是，戰爭失敗，還需要賠償普魯士50億法郎的巨款。這時候，法國政府最需要的就是錢。賠款的事還不是當務之急，眼下最急迫的是，政府要繼續運行，不至於因經費開支的緊缺而垮台，就得趕緊籌集至少2.5億法郎，以應付緊急之需。這可是一筆巨大的款項，唯一的籌集方式只能通過發行國債。但當時法國和英國兩家最大的銀行都擔心法國經濟是否能夠好轉，而不敢接下這筆國債的發行業務，盡管發行國債是非常有利可圖的一件事。

這件事被處於美國華爾街的金融巨頭摩根知道了，憑著猶太人的直覺和敏感，他極想把握住這個機會。但是，連法國和英國兩家最大的銀行都不敢接手這項業務，摩根自己的實力也不足以應付這麼大的融資活動。機遇是和風險並存的，關鍵是要有一個既能減輕風險又能把握機會的辦法。摩根後來提出的辦法是，把華爾街所有的大銀行聯合起來，形成一個規模宏大，資財雄厚的國債承購組織，風險共擔，利益共享，這樣，法國國債發行的問題就可迎刃而解。

這樣一個金融組織，後來被稱做「辛迪加」。在以前，所有的金融活動從沒有過像摩根所想像的採取聯合行動的，一般都是互不通氣，各自為營，相互猜忌，爾虞我詐，互相拆台。但是，面對巨大的機會和利益，那種海盜式的金融行為是非常有害的，大家都認識到這一點，於是很多銀行家都贊同摩根的建議。華爾街的行動為法國政府度過難關發揮了至關重要的作用，同時也為自己帶來了豐碩的收獲。自此，華爾街成長為美國乃至世界經濟的神經中樞，而摩根及其家族也一躍而為美國最大的財團之一。

冒險家、飛機設計師、電影人兼億萬富翁休斯

創新是一個民族進步的關鍵。這樣一個理念，我們是經過長期的教訓取得的。封閉保守，故步自封，只能永遠停留在一個原點上踏步，而不可能朝前邁進。無論在科技上還是文化上，這樣的事例不勝枚舉。作為個體的猶太人，在科技和文化上的創新舉世皆知，而從民族整體來看，他們表現在經濟上、經營上的創新力無可比擬。

休斯飛機製造公司，在全世界幾乎家喻戶曉，它是美國多種新型飛機的設計者和製造者，尤其值得驕傲的是，一九六六年6月，美國的無人駕駛太空船首次登月，太空船船身上所標明的製造廠家就是休斯公司。

霍華・休斯一九〇五年出生於美國的休士頓，父親是個石油投機商。他18歲的時候，父親去世，而母親早在兩年前就先於父親病逝了。休斯繼承了父母的遺產，可是他的興趣不在石油上面，他從小就對電影非常著迷，同時，飛機對他更是有著不可抗拒的誘惑力。當然，在電影方面，他開始並沒有取得任何成功，他對飛機的了解也只停留在能夠隨意地駕駛著它在藍天上翱翔而已。但是，讓電影和飛機結合的念頭，在他有一次獨自駕駛著單人操縱的飛機飛上藍天的時候，如閃電般倏然誕生了。

那個時候，還沒有人拍攝過用真正的飛機來當道具表現空中戰鬥的影片，因為沒有人大膽到想過這樣的事。這個帶有冒險性質的念頭讓他興奮不已。接下來就是拍一個什麼樣的故事？剛剛結束的第一次世界大戰曾有過一個占據報紙頭條、轟動一時的消息，說的是英國空軍中校達寧率領幾架英國皇家空軍的戰鬥機，從英國海軍艦艇上起飛，前往轟炸德國某個重要空軍基地的事跡。那次轟炸，英國皇家空軍以一架飛機的代價，取得炸沉德軍兩艘艦艇並擊落兩艘飛艇的戰績。殘酷的戰爭，驕人的戰績，刺激的場面……電影還未開拍，霍華・休斯就為它取好了片名，叫做《地獄天使》。

《地獄天使》的拍攝的確是空前的。為了拍這部片子，霍華德・休斯一共租用了好幾十架戰鬥機，其中包括法國空軍的斯巴達戰機、英國空軍的SE5戰機、德國的佛克戰鬥機以及英國的索匹茲駱駝號轟炸機，另外還雇用了一百多名飛行員、二百多名臨時演員，而聘用的攝影師差不多戰到了好萊塢總數的一半。這部電影也許在藝術上還存在著它的缺陷，但它首開了用真實的飛機大規模拍攝真實戰爭場面尤其是空戰場面的記錄，把戰爭電影的攝製技術引向了一個新的階段。

不過，霍華・休斯真正運用他的愛好在商業上取得成功，還是落腳在航空事業上。充滿冒險精神，同時又對飛機有著近乎瘋狂的愛好的他，聘用了兩名傑出的飛機設計師來替他完成設計新型飛機的構想，而新型飛機設計成功後，由於造型特別，竟然沒有飛行員敢於進行試飛，於是霍華・休斯親自登機試飛。終於，這架飛機以時速566公里的水平打破了當時的世界記錄。後來，他還進行過連續不間斷地繞地球飛行的冒險飛行，結果打破了以前必須駕機飛行一周才能環繞地球一圈的又一項世界記錄。再以後，他還自己設計了一種世界上最大的「巨無霸」水上飛機，到一九六五年的時候，他的休斯飛機公司發射了一顆85磅重的商業通信衛星，從而第一次在歐美大陸之間建立起電視電話網路。他去世的時候，休斯飛機公司一共擁有價值52億美元市值的股票。

芭比娃娃是一棵搖錢樹

創新，可以從多重角度去理解。我們一般所認為的創新，指的是在科技、藝術等領域裡的新發明、新創造……但是，在經營領域，創新就不是指的發明過去所沒有的實在物品或藝術品，而應當包括過去所沒有產生過，或沒有人做過的行為或理念。美國著名的芭比娃娃的營銷策略，可以說得上是最具創造力、最高明的策略之一。

這種名叫「芭比」的洋娃娃，金髮，粉嫩的臉蛋，嘟起的小嘴，長長的睫毛，還有一雙會說話的大眼睛。「芭比娃娃」漂亮、可愛，幾乎所有的女孩子都喜歡她。

下面講一個美國家庭購買「芭比娃娃」的經歷，可以說，這是一般美國家庭的一個縮影。

在幾乎所有商店的兒童玩具櫃台，都擺放著美麗的「芭比娃娃」。這麼漂亮的「芭比娃娃」售價僅為10美元95美分，這對多數美國家庭而言，都不算什麼大數目，因此，當幼小的女兒纏著父親說要抱一個「芭比娃娃」回家的時候，她的心願很容易得到滿足。

「芭比娃娃」成為女兒心愛的伴侶，當父親的卻由於忙於工作和事業，早已經把那個洋娃娃忘在了腦後。直到有一天晚上，疲憊的父親在外面忙了一天回到家中的時候，會撒嬌的女兒跑到父親身邊，嚷著說：

「可憐的小芭比需要換新衣服了。」

父親瞪大眼睛，弄了半天才明白，原來，玩具銷售商在「芭比娃娃」的包裝盒裡早就留下了紙條，提醒她的小主人：小「芭比」應該像她的主人一樣，有一些屬於自己的，可以經常更換的衣服。

做父親的此時會這樣想：女孩子嘛，將來總是要做母親的，現在培養她的母愛，並鍛煉她照顧孩子的本領，這是一個不錯的主意嘛！玩具商的這個腦筋動得很有見地。於是理所當然同意了女兒的請求。於是，按照《商品供應單》上提供的信息，找到上次那家商店，買回了價值45美元（超過「芭比娃娃」自身價格的近四倍）的「波碧系列裝」。

過了一個星期，女兒面對父親，又提出了新的要求。原來，她又得到了玩具銷售商的提示，說小「芭比」現在長大了，像她這樣美貌優秀的女孩，應該有個適合她身份的職業，小主人應該讓她當上「空中小姐」。於是當父親的只好再掏腰包，替女兒的「女兒」買了空姐制服。這還不算完，商家的提示裡還說，美麗的「芭比」應當具有多重身份，她的身份越多越優秀，那麼她在同伴中的地位當然也就越高。

「芭比娃娃」的同伴是誰呢？當然是鄰居家的女孩、同學以及其他小伙伴們手裡的小「芭比」了。父親不同意再花錢了，可是女兒不幹，她像「芭比娃娃」一樣撅起了小嘴唇，滿臉的不高興，眼眶裡還噙了淚花。看見女兒可憐的樣子，做父親的只好又妥協了。這樣，「芭比娃娃」的服裝櫃裡又增加了護士、舞蹈演員……的行頭，而父親的錢包裡則又少了35個美元。

又過了一段時間，女兒又提出（她是根據供貨商寄來的商品供應單想到的），她的可愛的「芭比」愛上了英俊的小伙子「凱恩」，她不想眼看著「芭比」失去「凱恩」，那樣的話，小「芭比」會因為失戀而痛苦的。看見女兒那副著急、關切、激動的樣子，就像她自己面臨著這種人生路上最重要的抉擇一樣。父親自然不忍看著女兒流淚，他又掏出和「芭比娃娃」同樣的錢，去把「芭比」的戀人「凱恩」請進了家門。

後面的事情可想而知。「凱恩」進了家門，真的就和女婿進了家門一樣，樣樣東西都不可缺少，什麼刮鬍刀、襯衫、西服、領帶甚至浴袍，一樣也不能少。而且，還要替這一對金童玉女舉辦婚禮，燭光晚會、生日蛋糕、潔白的婚紗還有結婚戒指都要備全。要知道，「芭比」的婚禮就和女兒的婚禮一樣重要。

既然結了婚，當然要生孩子。白雪公主「芭比」和她的白馬王子「凱恩」，不久就「生」下了他們倆愛情的結晶「米琪娃娃」，一個新的輪回又開始了……作為父親，當初只花了10美元多一點點，可既然開了頭，竟然就一直沒有個完，他的後續開支超出開始的10倍20倍，而這錢還必須掏得心甘情願。美國有無數這樣的小女孩，又有無數這樣的父親，於是可愛的「芭比娃娃」就成了廠家和經銷商的一棵不倒的搖錢樹。

五星級大飯店是怎樣出現的

現在，我們外出旅游，居住條件真是太好了。各種類型的飯店，四星、五星乃至超豪華的都有，只要有錢，捨得掏鈔票，比在家裡還更要舒服。以至現在休假度周末，不少豪門貴富、白領階層都願意離開家的溫馨而住到賓館裡去享受一下別樣的情趣。可是，我們並不會去了解，是誰發明了這種現代化的旅館業？

猶太巨富威爾遜是現代旅館的始作俑者。

以前，人們外出，只要能有一個地方住下，就覺得可以了，畢竟不是在家裡嘛，多少年代都是這樣，大家形成了習慣思維，並不認為這有改變的必要和可能。難在哪裡呢，還不就是生活起居，各個方面都不像在家裡那樣方便？但是，威爾遜卻不這麼想。他觀察了許多外出旅行的人，了解了他們的想法，知道他們其實很盼望外出的時候能和在家裡享受一樣方便的生活，只是，這種想法沒有人幫他們實現而已。

於是，威爾遜開始籌建自己的旅館，他給自己設定的目標就是：這座旅館一定要讓客人真正感受到賓至如歸的招待，要讓他們產生樂不思蜀的感覺。於是，他在客房裡安裝了空調，裝了電視機，為喜歡玩耍的孩子們設計了游泳池，甚至為貴婦人的寵物狗增加了專門的狗舍……

所有的房間都設計得光線明亮，色調柔和，家具和盥洗用具一應俱全，來到這裡，果真就像回到家一樣。他把自己的這家旅館命名為「假日飯店」。他明白，能夠有條件外出度假的客人，絕對不會吝惜幾個住宿的錢，他們的第一目的是享受，如果在外面玩得痛快，但卻住得不舒服的話，那旅途的樂趣就會大打折扣。

「假日飯店」的出現，實際上為人們外出旅行增加了更多的快樂，所以，這種高檔次的旅館一出現，很快就成為世界旅館業的一股長盛不衰的潮流。現在，我們看看美國拉斯維加斯那些投資數億、數十億美元的旅館，就可以知道，即使是五星級賓館，現在也已經滿足不了那些喜歡奢華、喜歡享受的人們的需要了。

讓冠軍替自己做廣告

大家知道，愛迪達是世界著名的運動鞋品牌，這個品牌就是猶太人阿道夫・達斯勒兄弟倆創立的。

大約70年前，阿道夫・達斯勒兄弟在母親的洗衣房裡開始發展自己的製鞋產業。由於注重質量，並不斷在款式上創新，因此他們的事業起步良好，不幾年，就擴展成一家中型企業。兩兄弟本身對運動項目很感興趣，對運動員在運動時的需求也進行了大量的調查研究。他們發現，在田徑和球類項目中，以前的運動鞋存在一個缺陷，就是一到場地不大好，或者天氣下雨的時候，運動鞋往往會打滑，影響隊員們水平的發揮。於是他們想到了在鞋底上加上防滑釘的主意。這當然是個好主意，可是，由於這種產品剛剛出現，很多人並不了解它，而且對它的性能也抱懷疑的態度。

阿道夫・達斯勒兄弟又想了一個極好的主意，他們打聽到一位叫歐文斯的運動員是下一屆奧運會短跑比賽的熱門奪標者，他極有可能獲得冠軍，於是就主動出擊，找到歐文斯，願意免費將加了防滑釘的跑鞋送給他穿。歐文斯接受了他們的美意，在比賽當中穿著愛迪達跑鞋發揮得極其出色，竟一舉奪得4個項目的金牌。

就這樣，愛迪達品牌一下子就成為眾人矚目的世界品牌，迅速打開了國際市場。直到一九五四年，阿道夫・達斯勒兄弟還是用這一著棋，繼續開拓他們的事業。那一年，世界杯足球賽在瑞典舉行，聯邦德國隊與匈牙利隊對壘，爭奪本屆球賽的世界冠軍。由於匈牙利當時仍屬於社會主義國家，他們穿的仍然是老型號的球鞋，而聯邦德國隊則換上了全新的愛迪達釘子鞋，正好比賽前夕，當地下了一場雨，匈牙利隊的隊員腳下不住地打滑，如入泥潭，而聯邦德國隊則健步如飛，越戰越勇。最後的結局可想而知，聯邦德國隊第一次登上了世界杯冠軍的領獎台，而匈牙利隊則飲恨而歸。

戰略創新——明虧暗賺、先虧後賺的手法

這種手法相當於兵法中的「以退為進」。

現在，我們已十分熟悉商家慣用的一種手法，叫做「買一送一」。不

過，一般的「買一送一」搞的都是小兒科，比如，買一台冰箱，送兩個保鮮盒，或買一台電腦，送一個MP3……這種花樣見得多了，顧客們便不以為然，認為區區小利，豈可輕易動心？只要買到了稱心的貨物，未必會稀罕你那點東西。不過，猶太人卡特在採用「買一送一」的方式時，運用的卻是大手筆。

由卡特擔任總裁的美國奧茲莫比爾汽車廠，積壓了一批「南方」牌轎車。由於貨壓的時間長，投入的資金無法收回，而積壓的汽車占用了倉庫，那邊倉儲費用卻在不斷增加。而奧茲莫比爾汽車廠還有另外一種品牌的汽車「托羅納多」轎車，銷量相對好一些。

一般來說，兩種不同牌子的車輛，可以看成是兩種互不相關的產品，各走各的市場，各有各的行情。但作為總裁的卡特覺得，既然這兩種汽車都是自己廠裡的產品，在銷售時不妨將它們聯繫起來考慮。「南方」牌轎車牌子不響，顧客不太看好，那麼就乾脆不要他們掏錢，免費奉送！不過，白送有一個前提，當然就是要預先購買一輛「托羅納多」為前提。說白了，也就是「買一送一」。

卡特的「買一送一」與以往顧客們見到過的同樣方式此時卻有天壤之

別，那就是這種「買一送一」是真的，貨真價實，不玩弄噱頭的。買一輛車的錢，可以得到兩輛車，盡管另外一輛車的品牌不是很響，車型屬於較低檔的，但畢竟也是一輛車嘛。

因此，奧茲莫比爾汽車廠的廣告吸引了大量前來購車的人。很快，這家汽車廠的積壓汽車處理一空。卡特採用這種大膽的「買一送一」手法，使得廠裡每銷一輛車虧損達五千美元，知情人都說奧茲莫比爾汽車廠虧大了，可是總裁卡特先生卻心裡有數。因為，所有的「南方」牌轎車處理盡淨，倉儲費用的負擔一下子減輕，而「托羅納多」牌子的轎車銷量也大大增加，貨幣周轉取得了快速的進展。

更讓人開心的是，隨著大批的「南方」轎車開上公路，大家對這款車竟然產生了新的認識，「南方」轎車以後脫離「托羅納多」獨立行銷，市場一時也看好。奧茲莫比爾汽車廠就此起死回生，說明卡特採用的這種明虧暗賺，先虧後賺的方法具有超級眼光。如果說，一般人採取的商業手段屬於戰術創新的話，那麼我認為，卡特的這種方式則屬於戰略創新。

服裝史上的一大奇蹟

牛仔衣、牛仔褲，是風行了將近兩個世紀的潮流，世界上幾乎還沒有一種服裝能流行這麼長的時間。當然，牛仔衣服的流行，也是在不斷的創新中才能夠做到的。我們在後面會講到，牛仔服裝的發明人是猶太青年史特勞斯。當年他去美國舊金山淘金，沒有趕上早班車，於是就另辟蹊徑，將隨身帶去的一大卷又結實又厚而且十分耐磨的斜紋布做成淘金人的工裝，竟然一下子流行起來。後來，他為了使牛仔褲更加適用，又在它的幾個容易磨損的部位加上銅紐扣，這樣就更經穿了。斜紋布做的牛仔褲雖然經穿，但卻太硬，穿在身上感覺不是那麼舒服，而且最早的式樣並不緊身，鬆鬆垮垮的，顯得肥胖而不得體。

史特勞斯注意到這個問題，又著手加以解決。他採用了一種叫做「尼姆靛藍斜紋棉布嗶嘰」的衣料對牛仔褲進行改造，使之更受歡迎。到後來，情況大家都知道，牛仔褲不但從工裝變成了時裝，從男裝發展出女裝，而且其樣式在不斷翻新，市場拓展到全世界幾乎每一個國家。如今，下至平民百姓，上至白領人士、總經理和董事長，甚至國家元首，再加上科學家、藝術家，社會上所有階層的人都接受了這種服裝，都能穿著它展示自己的性格，可謂創造了服裝史上的一大奇蹟。據說，李維・史特勞斯的服裝公司效益最好時的營業額可以高達五千萬美元。

給地上的石塊起個好名字就能賣錢

一個周末，斯蒂文先生沿著一個清淨優雅的湖邊散步。看起來他在休閒，他的步子是緩慢隨意的，他的神情是輕鬆的，還不時撿起一塊鵝卵石朝湖裡扔去，看著石塊在水面上跳躍著再沉入水底，他有一種童心又再度萌發的感覺。然而，他心裡的商業意識並沒有完全沉睡，而是在潛意識中活動著。正像一句古話說的：到處留心皆學問。對於那些有準備的頭腦來說，到處留心皆商機。走著走著，他發現一塊很漂亮的石塊，於是撿在手裡反複摩挲，愛不釋手。

突然，一個靈感的火花在他的腦海裡閃現：如果把這樣的石塊包裝起來，放到商場裡去，說不定能有人喜歡。一個好的主意，不妨一試。回到家裡，他反複琢磨，給石頭起了個名字叫「寵石」，正好迎合人們喜歡寵物的心理。然後，他請工匠，製作了一個精巧的木盒，盒子裡墊上稻草，弄得像個寵物居住的小窩似的，再把「寵石」放進去，並仔細構思，寫了一本小冊子。小冊子說：寵石是世界上最理想的玩伴，它不吵不鬧，不要餵食，不必替它清理糞便，最為聽話等等。

聖誕節的前夕，他的新產品「寵石」正式上市，每件售價5美元，竟然大受歡迎，一時稱為最暢銷的玩物之一。短短的四個月時間，斯蒂文憑著一個巧妙的設想，竟然淨賺了一百四十多萬美元。看起來，創新不一定要是實物性質的，哪怕一個概念，它也能創造出一筆財富來。

概念掙錢的實例

所謂概念賺錢，不是聳人聽聞，只要你能想到，你也一定會給自己創造出發財的機會。美國有兩兄弟，哥哥叫吉姆，弟弟叫約翰，這兩個人就是這樣取得成功的。

上個世紀70年代，世界上許多國家都早已進入了消費社會，美國更是以繁榮的市場讓人們滿足了各自的感官和精神享受。在文化方面，美國的電影事業稱雄全球，好萊塢製作的影片給人的刺激與興奮超過任何形式而形成巨大的消費市場。盡管美國的電視網非常發達，但願意上電影院看電影的人仍不在少數。

從這個傳統的領域還能有所開拓嗎？

吉姆和約翰的做法給於了肯定的回答。一九七四年，這兩兄弟想出了一個新奇的辦法，他們在佛羅里達州的一個購物中心租下一塊場地，投資了10萬美元，建了一個所謂的「餐廳影院」。這家嶄新的影院裡，沒有老式影院裡固定的成排的座椅，而是放著許多寬綽的桌椅，裡面的布置雅致大方，顯出高貴的氣氛，就像高級酒吧裡一樣。人們在裡面看電影，不一定要固定在某一個位置上正襟危坐，可以或靠或倚，或任意調換位置，而身穿燕尾服的服務生則端著三明治、啤酒和果點送給需要的顧客。

在這樣的影院裡看電影，簡直就和在家裡與親朋好友聚會一樣輕鬆自如，所以，它的出現贏得了許多人，尤其是年輕人的喜好，大家呼朋喚友，相繼而來，結果一家影院還容納不了那麼多追捧者，於是，第二家類似的影院隔了不久又開張了。後來，兩兄弟在美國一共開了20多家餐廳影院，簡直有一發不可收之勢。

不要以為到這樣的影院看電影門票會很貴，吉姆和約翰的餐廳影院門票每張僅售2美元，比一般的影院價格還低一倍。那麼，他們靠什麼來掙錢？答案就在於，餐廳影院的利潤，都來自食物和飲料的消費。由於餐廳影院的桌椅是可以挪動的，所以到不放電影的時候，場地還可以用來供人們舉辦各種商品展示會之類，其利用率比一般影院高得多了。

第7章

瞄準目標，咬定青山

——營銷力

你能在寒冬賣出冷飲嗎？

這個問題，一般人恐怕不敢回答，因為沒這個自信吧！

炎熱的夏天，大街上火辣辣的太陽，被陽光晃得耀眼的玻璃窗刺痛人的眼睛，而悶熱的空氣簡直讓人頭暈目眩，連屋外的風都是熱騰騰火辣辣的，大汗淋漓、揮汗如雨……這樣一些詞匯，正是形容那熱不可耐的季節帶給我們的難以忍受的一面。然而，卻有人對這樣的天氣感到高興，那是誰呢？就是這個季節裡滿街跑著的賣冰棍的小販。

冷飲也是適合於夏季喝的。夏天，人們身上出了很多汗，需要大量地補充水分，而冷飲既解渴又提神，大熱天冰涼入口可真是賽過瓊漿玉液了。而冬天呢？依照我們的經驗，冬天，那些賣冰棍的小販都暫時改行做別的去了。

可是，猶太少年哈利卻一反常規，做成功了許多成年人都沒法做成的事——冬天賣冷飲。哈利那個時候才十五、六歲，在北美一家馬戲團裡做童工。他的職責就是在戲園子裡賣食品，盡可能地替馬戲團多掙一點收入。冷飲料的利潤比那些零食要高一些，可是，在寒冷的冬天，一般人卻不會無緣無故地買冷飲，因為一來冬季不容易口渴，二來這個時候喝冷飲，多少也會感覺到涼嗖嗖地。小哈利當然懂得這個道理，但這卻難不倒他。他想了一個辦法，便對那些準備看馬戲的人說：

「誰買一張馬戲團的演出票，就免費送一包香脆可口的花生米。」

聽到能得到免費的花生米，人們當然不會錯過這個機會。可是，他們沒想到的是，哈利有意將花生米裡的鹽巴放得稍多了一些，這樣，這些人一邊看馬戲一邊吃花生，很快就覺得口渴起來。這時，哈利自然是端出了冷飲，來滿足人們的需要。通過這種方式，他一天賣出的冷飲竟相當於以前一個月的銷售量。

把刮鬍刀推銷給女士

一九〇一年，一位叫吉列的先生發明了刮鬍刀，對於世界上的男人來說，這可是一個福音。過去，男人們總是為了自己的鬍子而大傷腦筋，以前用來刮鬍子的刀使用起來很不方便，而且容易傷及皮膚，現在，有了吉列先生的安全刀片，男人們刮鬍子變得方便而舒適，因此大受市場歡迎。

過了70多年，進入20世紀70年代，時代風尚已經大為改觀，女士們的時裝開始朝輕、薄、透方向發展，過去不能袒露的地方現在紛紛亮相在廣庭大眾面前。但是，「露」的時候，即展示了女性的誘人一面，同時也將部分女性的不足暴露出來。為了保持自己的美好形象，一些女性私下也在使用原本是男性使用的刮鬍刀，以剃除腿毛和腋毛。

吉列公司經過調查，發現使用刮鬍刀的女性在美國竟然相當之多，總共八千多萬30歲以上的女性，其中有二千三百萬加入了這個行列，她們一年在這方面的花費高達七千五百萬美元，甚至超過在眉筆和眼影上的錢。不過，由於以前的刮鬍刀主要是針對男性的，而女性使用它，只不過是一種無奈的選擇罷了。

於是，吉列公司決心繼續在這個行業領潮流之先，他們組織技術人員進行研究，設計出專供女士使用的刮毛器。這種刮毛器結構上與男士的刮鬍刀沒有什麼兩樣，只是使用的是雙層刀片，刀架則選用色彩鮮豔的塑料，上面加上花飾，並將握柄的造型加以改造，使之更適合女性的手型。吉列公司這種新產品一問世，其在市場引起的反映不亞於刮鬍刀。在推出刮毛器的同時，吉列公司配以強勢的廣告宣傳，展示它「雙刃刮毛」、「不傷玉腿」的優越性能，而且價格菲薄，僅售50美分。就這樣，在刮鬍刀基礎上改造而成的女性用刮毛器，讓吉列公司再一次成為市場的寵兒。

如何向總統推銷商品

記得看過一份資料，說美國有一個布魯斯金學會，是專門培養世界一流推銷員的，二〇〇一年，這個學會給參加培訓的出了一個題：你如何將一把斧子銷售給總統？

在這個城市化、信息化的時代，一般人早已經不使用斧子了。許多人恐怕從來就沒有見過斧子的模樣。這的確是一個難題。雖然一把斧子值不了幾個錢，可是要把它賣出去恐怕比賣一台價值幾千上萬元的電腦更加難。果真，不少學了一肚子經濟學理論的人最後沒能完成這道題，但是，卻有一位學員出人意料地做出了這道題。

他的方法是，給現任的美國總統小布希寫了一封信，信裡說，也許你別的什麼東西都不缺，但是，當你回到你在德克薩斯州的莊園的時候，你一定需要一把斧子去修整莊園裡那些已經很久沒有修整過的樹木。因為我去過你的農場，發現裡面的樹木有些已經死掉，木質變得鬆軟。那些鋒利、輕巧的現代工具，按照您現在的體質看，顯得太輕，而我這兒正好有一把老式的斧頭，很適合砍伐枯樹。假如您有興趣的話，請按照信上的地址，給予回覆。總統讀了這封信，會心一笑，很快寄來15美元，買下他的斧子。

你讀過這個故事後一定覺得很精彩，一定會為那位學員的點子而叫絕。但是，我要說，類似的點子原本來自猶太人的手法。

有一位猶太出版商，一次印了一批書，可誰知道這批書的市場並不看好，一直積壓在庫房裡。如何將它們銷售出去？出版商一直在動著腦筋。打廣告？現在各類圖書的廣告太多了，沒有特別內容的書，引不起大眾的興趣。上門推銷？這也是一個別人常用的辦法，這種上門的方式不但麻煩，而且已經引起一些居民的反感。終於，出版商想到了一個辦法：借助總統的影響力，來迅速擴大這本書的影響。

於是，他先寄了一本書給總統，然後反覆去找總統，要總統為他新出的這本書提意見。總統日理萬機，哪裡有時間與精力和這個小小的出版商糾纏？就隨口說了一句：「這本書不錯。」可是，總統漫不經心的一句話，被出版商抓住拼命做文章，他通過各種方式大肆鼓吹：「總統說『這本書不錯！』請看總統喜愛的書！」很快，這批積壓的書被銷售一空。

不久，出版商又遇到同樣的困境，他故伎重演，又將書寄給總統。總統見上次被他騙了，這一回就說：「這是一本糟透了的書！」可是猶太人出版商依然有辦法利用總統，他在廣告中說：「總統說『這本書糟透了！』請來看看總統討厭的書！」

到了第三次，他又將書寄給總統，總統這一下更加小心謹慎了，為了防止被他利用，這次，總統任何話都不說，只是將書扔在一邊。可是，無孔不入的猶太出版商依然找到了做文章的由頭。他在廣告裡說：「這本書令總統難下結論，請您讀後一定要評評看。」這樣的廣告竟然具有莫大的誘惑力，出版商手裡全部的書都被搶購一空。

現代廣告戰：高頻、高能、高爆、高效

現代商業活動離不開營銷，而營銷工作則離不開廣告。廣告是一個企業、一種產品乃至一種風尚的引路人或風向標。過去有一句話說：「好酒不怕巷子深」，那是因為在小農經濟的時代，人們對信息的獲得都是憑口口相傳來實現的。人們常年、恆定地居住在一個地方，對於一個地方的特點、風情、事物特徵以及產品功能、質量等等都是在經年累月的接觸、使用過程中逐步了解並建立起信任的。

現今的年代，人與人或人與物之間再也無法建立一種長期而確切的穩定關係。按照《第三次浪潮》作者的觀點，現在的人們總是在移動中追尋自己的目標（他以美國人為例，在上個世紀70年代，美國人一生平均更換工作崗位就達4～5次），就像某些哲學家說的那樣，我們總是「在路上」。

在這樣一個人們居無定所，思想、精力和注意力經常受到誘惑、經常轉移的情境下，商業活動的方式與傳統的時代有了根本的區別。面對層出不窮的新產品、新工藝、新時尚、新概念，消費者的心態在趨向紊亂。那種依靠時間的沉澱來考驗一件事物、一件產品甚至一個人的人品的經驗，早已成為明日黃花。

「吸引眼球」、「注意力經濟」這樣的口號把一種全新的銷售理念傳播到每一個經營者的大腦中。「好酒不怕巷子深」當然也有廣告因素在裡面，那就是憑著積年的信譽，憑著人們的口碑，憑著那股悠然醇厚的陳年香味來吸引顧客。然而，這是一種被動式的廣告，如水之滲地，它需要等待，需要時間，它只符合農業經濟那緩慢的節奏，而與現代的生活方式相去甚遠。

而現代社會不可能允許對一件事物進行這麼漫長的等待，當眼花繚亂的新產品如潮水般湧向市場的時候，作為一個銷售者，你第一個要做到的就是，你必須讓你的商品在消費者腦海裡產生印象，並引起積極的刺激反應和消費衝動。搶占市場，一個「搶」字，把血淋淋的競爭關係深深刻畫出來。所謂「搶占市場」，首要的並不是占據某一塊地盤，更為重要的是占據消費者的頭腦。消費者對你的產品的印象必須是「第一」的，如果沒來得及在消費者那兒形成「第一印象」，你就必須採取更強橫的手段，以高頻、高能、高爆、高效的行動，把消費者的注意力從其它方向「強行」奪取過來。

所以，這個時代的廣告方式不再應是謙虛的、羞澀的、含蓄的和溫良恭儉讓的，當然也不可能是滲透性質的，它應是暴風雨式的，秋風掃落葉式的甚至是海嘯式的，它帶有強制性和「暴力性」。

從「滲透性」到「暴力性」，市場的變化當然有一個過渡的過程，誰領導了這個過程？誰充分利用他們的機智和聰明領先時代一步？當然是大名鼎鼎的猶商太人。

猶太人的「暴力」是不帶火藥味的，是沒有子彈和傾瀉和火光的迸濺的，但猶太人的廣告方式和營銷方式絕對勝過雄兵百萬。

猶太人的絕招——死人也能夠賺錢

利用一些人喜歡新鮮、喜歡獵奇的心理進行推銷，是猶太人常用的手段。有一個猶太少年，在一個老板的水果店裡打工。有一次，水果店進了一批香蕉，由於開始賣得不是很順手，香蕉的表皮上已經出現了許多黑色的斑點，這預示著香蕉已經不能再放了。於是，老板指示這個少年，將香蕉盡快想辦法賣出去，哪怕只能收回一半的錢也行。這個少年接受了老板的指示，把香蕉搬到店門口，並開口吆喝：「香蕉打折嘍，只賣一半的價錢嘍。」可是，效果並不很好。

少年動了動腦筋，另想了一個辦法。他開始這樣吆喝：「阿根廷香蕉，低價賣嘍，每磅10美分！」每磅香蕉10美分，價格比原先還提高了一倍，連老板也懷疑他這一招是否能行。沒想到，就是這樣一個計策，水果店裡剩下的香蕉竟然很快被人買光了。

也許，我們可能會懷疑這是不是這個猶太少年採取欺騙的手段？其實不是。美國本身處於溫帶地區，極少生產香蕉，而阿根廷大量的國土處於熱帶，這些香蕉原本就產於阿根廷。只是，以前顧客買香蕉，只要是香蕉就行，並不注意它是哪裡產的。而這回這個猶太少年特意把產地標出來，還抬高了價格，這就讓顧客產生一種心理，認為這可能是與以往不同的一種香蕉。顧客一般都有「嘗新」、「嘗鮮」的潛在意識，見到這種「新品種」的香蕉，當然想試一試。這個猶太少年其實是無意中運用了心理學的原理。

還有一個例子應當說更加絕。前面提到有一個猶太富翁，一生賺了無數的錢財，在他行將就木的時候，他還要發揮「餘熱」，把自己最後一次「推銷」出去。臨死前不久，他讓秘書起草了一則消息刊登在報刊上，消息上說，他馬上要去天堂了，願意在升天的時候替別人做一件好事，就是給那些逝去了親人的家庭捎帶口信，幫他們問候已經居住在天堂的親人，每人收費一百美元。這個消息看似荒唐，卻打動了不少人的心理。他們願意用這種十分新奇的方式表達一下自己對親人的哀思，於是在很短的時間裡，這位富翁竟然收到了高達十萬美元的「幫人家」帶口信費。

高位定價法和威望營銷策略

一般的市場競爭，採用最多的方式就是降低售價，特別是在買方市場形成之後，賣主增多，市場營銷空間減少，這樣就只好壓縮利潤空間。所謂「薄利多銷」「物廉價美」就是這種法則。但是，這種競爭方式也只能使用到一定限度，如果無限度地使用，將給市場帶來混亂，給生產和銷售方帶來災難。這些產品的低價策略，雖然占領了一些市場，但利潤率卻不是很高。另外一個就是，隨著同一種產品競相進入有限的市場，結果形成相互比拼，反而造成自相殘殺。

猶太人在這方面有他們獨特的技巧，其中之一就是，在某些時候，對某些商品採取高位定價的策略，讓市場在一個非常有利，而又不會遭至消費者反對的層面上拓展。高位定價法則的運用一般有幾種情況：

一、是在經過長期的市場拼搏，市場競爭，無論在質量、功能還是售後服務等方面都取得了消費者的充分信任，在市場上形成了公認的聲譽，成為具有強大無形資產的產品，也就是名牌產品。

二、是某些特定場合、特定時期以及滿足特定需要的產品，完全可以以高出其價值的方式來銷售，這樣的商品採取高位定價的法則，也不會引起消費者的反對。

三、是稀缺產品。這樣的產品遵循的是「物以稀為貴」的規律，它的價格不是根據生產成本或者使用價值來確定的，而是根據「奇貨可居」的威望原則來確定的。

四、是有些產品可以採取心理價位的策略。心理價位一般針對的不是實用型顧客或實用型產品，它主要是通過與一般商品的價格差距，來顯示購買者或消費者的自尊心、榮譽感和身份意識。

高位定價法和威望營銷策略，一般能給商家帶來巨大的超額利潤，往往只有那些大手筆的商家，才有膽略採用這種方法。

水可以賣出油的價錢，油也可能只賣水的價錢

水能夠賣出油的價錢，這當然非常不容易，這並非心狠手辣就可以辦得到。因為要顧客主動掏腰包，還不能讓他們覺得自己被宰，就必須要有顧客能夠接受的理由。有人說：「善戰者不武」，就是說，善於取得勝利的人（不論是作戰也好，經商也好），靠的未必是劍拔弩張，殺氣騰騰，有時，和風細雨，尊重顧客反能取得更好的效果。

麥當勞在美國亞利桑那州的大峽谷沙漠中開了一家分店，其銷售的漢堡包、薯條和熱咖啡，價格遠遠高於其它地方，而且店裡公開標明：本店價格最貴。人們之所以還是願意接受這裡的價格，來消費的人並不埋怨店老板「黑心」，是因為，這家店出了一個「安民告示」。

告示上說，由於本地經常性缺水，所需用水是從60英里外的地方運來的，其費用要比別的地方高出25倍，原材料的運輸也比外地高得多。另外，這個地方遠離交通便利的地方，前來打工的人相對缺乏，因此，在雇工方面需要支付比別的地方更高的薪酬；而且，前來這裡的沙漠旅游的人有著季節

性的變化，為了在淡季也能維持運轉，本店還不得不承擔季節性的營業虧損。儘管如此，我們還是願意真誠為您服務，相信您在接受我們服務的同時，會理解這一點。

這家麥當勞分店所言當然都是事實，但他們之所以把店開在這裡，並非是做慈善事業，當然還是為了賺錢，而且可以賺到比外面的店更多的錢。但是，由於老板坦白以「理」待人，凡是到這裡消費的，都心甘情願地承受這裡的超高價格。

如果不善於經營，反過來油也可能賣出水的價錢。中東地區盛產石油，那裡的石油價格就一度低到不可思議的程度。起初，中東的石油生產國為了多產油，多賣錢，不加節制競相開採，結果導致油價暴跌，這些國家損失慘重。後來，他們吸取教訓，採取了緊急措施。為了把價格保持在一個合理的區段上，所有中東地區的產油國聯合成立的一個叫「歐佩克」的石油組織，由這個組織根據各個國家的具體情況，對所屬成員分配採油量，這才使油價穩定下來。

心理價位與商戰心理

一般而言，從人們長期形成的消費習慣看，大多數人都喜歡「貨比三家」，儘量買價格低的物品。這是因為，多數人口袋裡的金錢是辛苦得來，同時也是很有限的。所以，同樣數額的錢能夠購得更多數目的商品，當然是何樂而不為。但「一分錢一分貨」，「錢不會走錯路」，這個意思就是，價格低的商品固然能滿足消費者圖便宜的心理，但同時，這樣的商品，其價值就不可能有超過價格的性能。

我們前面說了，商品的價值，其含義是多重性的。馬克思在他的《資本論》裡談商品價值，僅僅是從商品生產和使用這兩方面來論述的，並沒有對商品一旦形成，社會觀念、人們心理、時尚要求以及歷史演變對它可能產生的附加影響進行分析。而事實上，從人類消費實踐看，一件商品形成之後，除了它在生產過程中必須付出的相關費用外，它的價格形成還會受到許多社會因素的影響，尤其是那些可以滿足顧客特殊心理需求的商品。

就拿名牌服裝來說吧。本來，名牌服裝由於其品牌形成、設計費用以及生產成本就高於一般服裝，它的價格定得相對高一些，人們不難接受，但除此之外，它還可能附加了一些人們對它的尊崇，仰慕，或著裝時很容易產生的自慰、自負或自信、自重等等心理。所以，即使在定價時把這些因素考慮進去而大幅度增加它的價格，仍然不會遭到人們的拒絕。反之，如果對它的定價採取和普通服裝同樣的方式，即只是考慮生產成本等因素，那麼，它的價格不可能比普通服裝高出幾十上百倍，而對它的接納效果也未必會更好。

有一位叫魯爾的猶太商人就從自己的親身體驗中嘗到了個中滋味。

魯爾的服裝店開在紐約第四十二大街上，起初門面不大，生意也不怎麼興隆。他想改變經營策略，於是投入六萬美元，聘請一位知名的高級服裝設計師，精心設計了一批世界最新流行款式的牛仔服裝。由於這批服裝是首次上市，而且頗符合潮流，他胸有成竹地等待著來自顧客的好消息。

基於打開市場的考慮，他給首批服裝定價時採取的是低贏利策略。每套服裝的平均成本為56美元，他確定的銷售價格為80美元。他滿以為這種薄利多銷的方式會引起顧客青睞，誰知事與願違，光顧者竟然遠達不到預期目標，而購買者更是寥寥無幾。

魯爾大惑不解，以為每套80美元的價格高了，顧客承受不了，於是便採取降價的方式，心想，就算來個賠本賺吆喝吧，先把市場打開再說。可是，這批服裝一降再降，降到成本價以下了，竟然還是門庭冷落。魯爾認栽了，他有些垂頭喪氣，決定來個大拍賣，能收回多少成本算多少，只當花錢買了個教訓吧。可是，誰知道事情以一種意外的方式來了個大逆轉。他手下的員工在寫降價廣告的時候，由於一時疏忽，在「本店銷售世界最新款式牛仔服裝，每件40元」的「元」字前面竟多加了一個「0」，40元變成了每件400元」。就是這多加的一個「0」，給他的服裝店帶來了熙熙攘攘的人潮。很快，他的首批一千套服裝銷售一空，除去成本，竟然淨賺30多萬美元，遠遠超過他自己的預期。

後來，魯爾在總結這次服裝銷售經歷的時候，得出了一個結論；就是，有些消費者購買商品，不光買的是用途，也不光買的是品質，同時，他們買的是身價和名分。在他們心目中，名設計師和高價位是同一個概念。既然你提供的是有名望、有聲譽的產品，你的價格一定得與眾不同。不然，你的名望就要打折扣。高價位，意味著一般消費者不敢問津，而那些能夠穿著這類品牌服裝的人，必定有著比別人更高的身份。

所以，現在許多的產品廣告語言也學會了這一招：它突出的是商品的附加聲譽，而並不刻意在乎它的價格。因為，對於那些有著威望消費的群體來說，錢對他們已經不是壓力，他們更在意自己的外在形象和內在感覺。有的時候，高價位也能在一定程度上幫助形成該商品的「稀缺感覺」。

把女人當作第一商品

猶太人總結了這樣一個營銷經驗：世界上的男人都在拼命掙錢；世界上的女人都在拼命花錢。男人掙錢不容易，所以要想從他們口袋裡掏出錢來不會是輕而易舉的；而女人花的是男人的錢，男人也甘願為她們花錢。猶太人的口號是：瞄準女人，把女人當作第一商品。

商戰中的所謂「高位定價法」，在很大的程度上是針對女人來的。女人都具有很強烈的自戀情結，她們愛美，愛打扮，愛裝飾，愛一切能改造自己形象的方式方法。髮型、五官、身材、皮膚、衣裝、飾物……大凡自身從頭到腳，沒有不為她們所關注的地方。她們關注自己，當然是為了樹立自信，而樹立自信的目的，在很大程度上仍是為了取悅男人。所謂「窈窕淑女，君子好逑」，按照柏拉圖的說法，這個世界上本來就生存著兩個「半球」：男半球和女半球，兩個半球互相吸引，互為所用，原本就是宇宙的基本法則。

猶太商人中有很多都從事珠寶、首飾的經營，珠寶首飾的利潤是所有商品中最高的，它們金光閃閃的質地，昂貴的價格，五彩繽紛的外型，讓所有的女人為之痴迷。只要受之無愧，女人沒有不為它們動心的。可以說，珠寶行業造就了許多的猶太富翁。

舉個例可以證明：世界上最大的鑽石生產國是南非，而最大的鑽石加工市場卻在以色列。以色列一家鑽石加工企業，經過40多年的經營，從一家國內公司發展成跨國公司，年營業額高達40億美元。世界最有名的高級百貨公司「梅西」公司的老板史特勞斯以前是一家小商店的童工，就是在那個時候，他發現了經營中的一個秘密：經常有男士陪著女士前來購物，但購物的最後決定權都在女性手上。當史特勞斯有了自己的商店以後，他就把經營對象放在了女性身上。他經營女性時裝、手袋、化妝品，幾年時間，獲利頗豐，為進一步發展奠定了基礎。隨後，他在紐約繁華的大街上開辦了一家大型百貨公司，公司的主要經營項目為鑽石、珠寶、戒指、項鏈、耳環、胸針、高檔豪華女裝和禮服、高級日用女式皮包。每天，「梅西」百貨公司吸引了無數的貴婦靚女，不少人在這裡一擲千金。短短三十年的時間，史特勞斯把一家小小的店鋪辦成了世界一流的大公司。

還有一個叫基廷的猶太商人，他的店開在繁華的紐約54大街上。他的銷售策略同樣是針對女性。與史特勞斯不同的是，他所賣的不是那些頂級超豪華的商品，而是一般的家庭婦女或女上班族。他把店裡的營業時間分成白班和晚班。在白班的時候，他在店裡陳設的商品主要是家庭主婦們感興趣的一般衣料、實用衣著、廚房用具、手工藝品和簡單家具等等。到了晚上下班的時候，又把店裡的商品陳設全部更新，換成襪子、內衣、香水、迷你裙和時尚用品。白天，主婦們匆匆而來匆匆而去，選購家庭所必須的日常生活品，晚上，年輕的小姐們三三兩兩相約逛街，到這家店裡流連徜徉，順手就選購了自己中意的物件。就這樣，基廷也同樣獲得了商業上的成功。

「民以食為天」的潛台詞

「民以食為天」，這是中國的古話。但是這句話裡道出的淺顯道理世界上各個民族的人都明白。猶太人從商戰實踐中認識到，如果說女人是第一商品，那麼嘴巴就是第二商品。天大的事情是什麼？就是吃飯。世上真的沒有比吃飯更加重要的事情了。認識了這個道理還不夠，還要能從這個道理中發現機會。世界著名的漢堡，現在被一些人批評為「垃圾食品」，因為他們測定它的熱量過高。但是，儘管遭到這樣的批評，漢堡每天在全世界的銷量卻是驚人的。不要說它的發源地美國，就是在世界各地，出售漢堡的連鎖店也已經達到了好幾千家。甚至可以這樣說，除了那些極其封閉的國家，現在，凡是有城市的地方，幾乎都能看到這種美式快餐的身影。完全有理由相信，漢堡如今已成為世界上銷量最大的速食。

美式漢堡在引進日本的時候，被稱做「夾肉麵包」。據說當初引進這種食品的日本商人曾遭到本國人的嘲笑，認為他這樣做是一種蠢笨的行為，因為日本人從來沒有過吃「夾肉麵包」的習慣。可是，沒有想到，這種「麵包」一問世，就受到廣大日本人尤其是年輕人和孩子們的熱烈歡迎。結果，那些人的嘲笑聲剛落，就不得不眼看著他掙得盆滿缽滿。

可以說，商機是「吃」出來的。

心理催眠、心理暗示和廣告技法

西方有一句諺語：「愛情使人盲目」。這句話的意思是說，一個人在愛情發生的時候，一般都會過於迷戀和過度專注，以至沉溺於一種高強度的情緒當中而暫時失去理智。人在這種情形下，只注意到對方的某些表象，某些特點，尤其是那些最吸引他的表象和特點。當局者迷，旁觀者清。特別是某些在一般人看來未必那麼恰當的匹配，而當事人自己卻覺得非此莫屬的話，人們就會說，他的理智這個時候處於「睡眠狀態」。

愛情使人的心理處於睡眠狀態，這還是本人的意念所引起，而諸如巫術、催眠術一類事物，其發生原理和愛情有十分相盡之處，但它們之所以產生效果，則是由外界施加影響所至。

從廣告學的角度來研究，我們認為，廣告的效果發生機制，與愛情等等對人們的心理影響有異曲同工之妙。

心理暗示和心理催眠的概念產生於著名猶太籍心理學家佛洛伊德。佛洛伊德是精神分析學的創始人，他在自己的理論中說，人的意識其實可以分成兩個層次：意識和潛意識。

人的行為看起來是受到意識控制的，因為只要是正常的人，他都具備人們所常說的理智和理性。但實際上，潛意識對於人而言，占據了其心理的大部分「空間」。如果用冰山來比喻，人的意識好比是浮出水面的部分，而潛藏於水下的部分，是潛意識，它構成支撐意識的強大底座，其比例比意識要大得多。意識是清醒的，潛意識則是混沌的；意識是後天形成的，潛意識則是先天即存在的；意識引導人的行為，而潛意識則控制著意識的流變。

佛洛伊德在運用他的潛意識理論替那些患有心理疾病的人進行治療的時候，首創了心理暗示術和心理催眠術。依據他的學術報告，醫生在運用心理暗示和心理催眠的時候，能讓患者在不知不覺的情況下，將自己潛意識裡面的東西傾訴出來。

既然人的意識最終是受到潛意識控制的，那麼，如果巧妙運用心理學法則去影響人的潛意識，比起採用直接手段影響意識，其效果更好得多。

現代廣告學在這方面可謂無師自通，而且運用得得心應手。

有一家汽車廠家的廣告詞做得很有特色，盡管已經過去了二十年，可是，在一次實驗中，心理醫生竟然讓一位當年讀過這則廣告的男士在睡眠當中將那則廣告詞一字不漏地背了出來。

我們在前面講過現代廣告戰的特點是高頻、高能、高爆、高效。但是，在具體操作的時候，手法並非千篇一律，而是各有千秋。從電視台裡看到各式各樣的廣告，就可發現，有些廣告採取的是冗長佈道式，有的則採取瞬間雷擊式；有的赤裸裸前來叫陣，有的則委婉地繞圈子，但目的還是想請君入甕……但無論什麼方式，廣告的最終要達到的效果就是要對消費者產生吸引力，讓他們對自己進入「迷戀」狀態。我們要是歸結一下，可以發現廣告的策略大概有這麼幾種：啟發型、引導型、暗示型、指示型、勸告型等等。

所謂「啟發型」的廣告有：牙齒好喜歡（牙膏廣告）。

「引導型」的有：味道香醇濃郁好極了（咖啡廣告）！

「暗示型」的有：烏溜溜的秀髮誰不愛（洗髮精廣告）？

「指示型」的有：新手媽媽的理想選擇（奶粉廣告）。

「勸告型」的有：走過路過，不要錯過（彩券行）。

無論什麼類型的廣告，它的目的都是要刺激顧客的購買欲，引起他們的購買衝動。

長時段的廣告，具有強化和強制功能，它對顧客的意識衝擊顯然有大功率的效果，不過，有的時候也會適得其反。一旦刺激過度，反而會引起顧客不勝厭煩。而瞬時廣告主要對顧客的潛意識產生影響，它在顧客還沒來得及對其做出反應的時候就轉瞬而逝，但那種電擊式的效果，卻留在了接受者的腦海裡。

可口可樂公司曾經在電影院裡嘗試過這種廣告方式。一部電影正在放映的過程中，突然插入一段廣告，其時間之短，甚至對顧客觀賞電影的效果沒產生任何負面影響。然而，電影結束後，影院門口的可口可樂銷量卻比以往大大增加。

猶太人對於暗示型或催眠型廣告的主要對象也有仔細的研究。他們發現，男人一般對自己的無意識控制得比較好，所以相對而言，他們不大容易受到這一類廣告左右，而女性和兒童最容易受暗示和催眠類廣告的影響。女人在購物時候的衝動和在戀愛時候的大腦反應有著十分相近的一面。

無孔不入的廣告方式

廣告，是現代商業營銷的前哨戰，它在商戰上的至關重要的作用早已經為人家所認識，而且，在廣告的競爭上，也可謂刀光劍影，硝煙彌漫，狹路相逢，難解難分。而廣告的創意上，也是花樣翻新，層出不窮，讓人眼花繚亂，不一而足。據說，雀巢咖啡的廣告語就使用過總統羅斯福無意中說的一句話，起到了很好的效果，所以，在羅斯福總統去世半個世紀後的今天，仍在使用。這句廣告語是：「滴滴香濃，意猶未盡。」

廣告的內容創意固然重要，但廣告方式上的創意也能起到事半功倍的效用。我們說，無孔不入的廣告方式指的就是這個意思。所謂無孔不入，需要的也是創意，而不是隨意。我們在街頭往往看見很多的小廣告：電線桿上、新粉刷的牆面上、公共電話亭上、甚至人家樓道的牆壁上和門上。這樣的野雞式廣告，破壞環境美觀，導致視覺污染，而且其可信度也十分讓人懷疑。真正好的、有創意的廣告方式就不是這樣。

在美國，洗衣店為了讓剛洗好、燙好的衣服保持熨帖和平整，會將其折疊在一塊硬紙板上。顧客將衣服取回之後，要先將硬紙板取下，然後硬紙板就被丟棄了。一位叫斯太菲克的商人眼光不凡，他從這小小的硬紙板中看到了大做文章的竅門。他首先對原本空白無一物的紙板進行設計，在上面印上生動有趣的兒童游戲，或者供家庭主婦參考使用的菜譜以及家居小常識等等，使得硬紙板本身有了留用價值，不再會取下衣服後就棄置一旁。

與此同時，在紙板上印上商家的廣告，商家除了交納一筆廣告費以外，還承擔了一部分紙板的製作費用，這樣，原本每千張4美元的硬紙板，只要1美元就可以了。這樣的價格，洗衣店裡又很願意接受。

後來，斯太菲克又將廣告經營賺來的錢捐助一部分給美國洗染協會，該協會則建議所屬的會員單位及同行業工會購買和使用斯太菲克的襯衣紙板。這一連串的措施，使得洗染協會、洗衣店、商家和家庭主婦們都各有獲益，斯太菲克自然是這個創意的最大受益者。

所以，他在總結自己的商業理念的時候這樣說：「你給別人好的或稱心的東西越多，你所獲得的東西也就越多。」

以實招對應虛招

在商業競爭中，有的是打腫臉充胖子的英雄，也有的是虛張聲勢的好漢。有些人總是把自己的產品誇張到極限的程度，似乎這樣可以唬住那些競爭對手和膽小的顧客。

要總結這類商戰經驗，有一個極其典型的範例。

說的是在紐約的某一條街道上，同時住著三家裁縫，他們都靠的是同一種手藝吃飯，因此開了三家裁縫店。按說，這三個人的裁縫手藝有得一比，都是不錯的，但由於密集程度過高，生意有限，因此競爭還是非常激烈的。有一個裁縫想出了一個打廣告的方式來吸引街坊鄰居，他打出的招牌是：

——紐約城裡最好的裁縫！

這個口氣真牛得不得了，可以說有一定的震懾力。第二個裁縫不甘落後，他的目的是後來居上。次日，他也打出了一塊廣告牌，上面寫的是：

——全國最好的裁縫！

好傢伙！氣勢上明顯蓋過了第一家，他的後發制人看起來要取得成功。第三個裁縫是個猶太人。面對競爭，他當然不能束手待斃，他也要打出自己的名號。他打出的招牌是：

——這條街最好的裁縫！

與前面兩家廣告劍拔弩張的火藥味相比，這後一個廣告顯得平實、親切而又可信。這裡面意味深長的潛台詞是：既然本店是在這條街上最好的裁縫，那麼哪怕前兩家的手藝再高，它們仍然要臣伏於本店之下。

包裝的意義

現在，我們很多的商業甚至非商業行為都會採用「包裝」這個詞。之所以大家都喜歡「包裝」，是因為人們發現，一樣東西，不管是商品也好，演員也好，或者是書籍、文章也好，甚至就是純粹的概念也好，一經過包裝，它給人的印象就不一樣了，更容易吸引大眾的眼球，獲得大家的青睞。尤其是在當今這個快節奏的社會裡，很多人沒有時間對一件東西進行仔細的了解，所以第一印象產生的效果更是不可忽視。

美國有一家公司曾經進行過調查，它發現，對於消費者來說，他們的購買決策有70%是在商店裡臨時做出的。這意味著什麼呢？這就是說，與傳統的農業社會不同，以前人們需要購買什麼東西，是事先感到自己缺乏了才買，而工業經濟的時代，由於人們購買力的提高和生活需求的多樣化，再加上層出不窮的新產品出現，人們購買的方式也產生了根本的變化，很多人不再是想要什麼才去買什麼，而是看見了什麼心儀的東西便當場做出決定。當然，購買一件商品的前提是該商品能夠滿足消費者的需要，但同樣功能的商品，消費者在選擇的過程中，對他形成直接影響力的，非包裝莫屬。

包裝的新穎、美觀能給顧客以視覺享受或視覺衝擊，進而影響他的購買欲望。現在的商品設計和包裝，不再是簡單的，能夠讓顧客把商品帶回家裡就算完事的了，而是要讓顧客在購買的過程中獲得一種心理滿足，要讓顧客覺得商品的價值因包裝而升值，所以花同樣的價錢完全值得的感覺。

首先發現商品包裝對於銷售具有重要意義的是美國商人約瑟夫。這位專營包裝紙的商人，一次站在一家商店的門口進行觀察，這似乎是他的一種習慣。他看見裡面的店員正忙碌地替顧客將所購的商品用包裝紙打包，腦子裡忽然閃過一個念頭：用白色的包裝紙或者直接用報紙包裝商品一定不如用彩色的、漂亮的紙來包裝更受顧客歡迎！

念頭閃過，他便進行了仔細的市場調查，發現的情形和自己的猜想果然一致，於是，立刻將自己想法付諸實施。他不僅將包裝紙印制得更漂亮，而且還首次在上面印上廠家和商店的名稱，這樣一來，使用他的包裝紙銷售商品的商店，生意竟然比以往要好得多。約瑟夫的這個創意後來在商業領域形成了一門新的學問——包裝學。

天才也曾經被炒作

但是，也有相反的做法，著名的例子有畫壇天才畢卡索的成功趣聞。

現在，幾乎所有的研究都把畢卡索看作是畫壇的一位天才，因為，只有天才才能夠像他那樣在藝術領域取得開創性成就。比如說，畢卡索從三歲起就喜歡繪畫，他非常不願意受學校裡老師的拘束，他的學習成績一塌糊塗，但他坐在畫架前卻可以一連幾個小時一動不動……固然，這些都是事實，但是，還有另外的事實，那就是，起初，畢卡索的畫也和那些沒有名氣的畫家們的作品一樣賣不出去。

後來，有一位畫商採取了一個辦法，他到全城各個畫廊裡去打聽有無畢卡索的畫賣。剛開始，城裡的畫商們並不知道有個叫畢卡索的畫家，經過那個畫商這麼一搗鼓，便都認為畢卡索一定是一個了不起的畫家，只不過自己孤陋寡聞，還不知道罷了。於是，許多的畫廊都開始購進畢卡索的繪畫，而畢卡索也由此開始出名。而現在，沒有人知道當初那個畫商為什麼會採取這種「炒作」方式來抬舉畢卡索，或許是他自己為了從中賺錢，或許是畢卡索本人讓他這麼幹的也未可知。不過，畢卡索由此開始嶄露頭角卻是事實。

有人也許會說，不管是否畫商炒作，畢卡索本人的畫就是出自天才的靈感，沒有那個畫商他照樣不會被歷史埋沒。

這個觀點我們當然同意，但是，如果沒有那個畫商的炒作，起碼畢卡索本人在世時的景況未必會有那麼好，君不見與畢卡索齊名的梵谷和塞尚，都是現代派繪畫的開山祖，梵谷的遺作至今創出繪畫史上的最高拍賣價，但是，梵谷們在世的時候，沒有人幫助他們鼓吹，所以也就一直窮愁潦倒，衣食無著，梵谷甚至被逼到瘋了的程度。

讓利潤增值一萬倍

猶太人最擅長運作資本，但他們的民族特性和民族歷史決定了他們不像某些人，為了賺錢敢於違法犯禁。他們總是在法制的軌道上小小心心地行事，而且，他們讓資本大幅度增殖的方法得益於智慧，而決不得益於搶掠。

有一位叫麥考爾的猶太人，繼承了父親的銅器生意。他一直記得父親當年教誨他的話：當別人說1加1等於2的時候，你必須想到它可能大於2。在美國的休士頓，他的銅器生意做得十分紅火，別人使用一磅銅的原料可以賺到幾倍十幾倍的價錢，他卻能夠賺到遠遠高於原銅價格的錢，他曾經將一磅銅賣到過三千五百美元，利潤的增殖以百倍計。要說他有什麼訣竅，其實並沒有什麼獨特的方面，不過就是能夠對經營的對象獨具眼光，發人所未見罷了。

一九七四年，美國聯邦政府要重新修建自由女神像。自由女神像當年是在法國建造，並由那裡運抵紐約的。從那時候起，這座雕像一直是美國人引以自豪的象徵。現在，自由女神像歷盡百年滄桑，不能不幫她重換容貌。舊有的自由女神像先被拆除，一大堆拆下的廢料堆滿了場地，卻得不到及時清除，這影響了下面的工程進度。政府於是舉行招標，想徵得社會上的支持。但是，在紐約這個地方，對於垃圾的處理有著嚴格的規定，要是處理不好，就會引起環境保護組織的抗議甚至起訴，因此時間過了好幾個月，這堆碩大的垃圾一直堆在那兒，成為十分不雅的景觀。

這個時候，恰巧麥考爾正在法國旅行，法國媒體也十分重視對自由女神像的維修工程，所以也一直在做著相應的報導。麥考爾從當地的媒體上看到這條消息，立即終止休假，乘飛機回到美國。他先默默地到那堆垃圾那兒仔細地察看了一下，然後與聯邦政府的有關部門簽署了承運垃圾的合約。

麥考爾的做法，當然遭到各個方面的譏笑，因為他自己開的是一個銅器店，本來不是做這一行的，那些專門的運輸公司都不願出頭來掙這筆如同雞肋般沒多少油水的錢，你麥考爾上來接這個活，還要租車，恐怕連老本都要陪上，孰知麥考爾自有他獨到的眼光。正因為他本來不是搞運輸的，所以他這次並不是純粹從運輸的角度來看待這個問題。他在實地察看那堆垃圾的時候，發現裡面有著大量的廢銅塊，在他這個銅器店老板眼裡，銅塊就意味著資源，資源就是財富的源泉。

他先募集一批工人，對那堆垃圾進行清理，把所有的廢銅料都收集到一起，再將它們熔化加工，鑄造成自由女神的小型銅雕和紐約廣場的鑰匙，而銅雕的底座用的則是垃圾當中可以利用的廢木料。他甚至把地上的灰塵都掃起來，賣到花店做肥料。就這樣，在不到三個月的時間裡，一堆無人問津的廢垃圾竟然賣出了三百五十萬美元的高價。麥考爾最後統計了一下：這次收集到的銅按成本和收益的比較來計算，其價格整整翻了一萬倍。

任何東西到了猶太人手裡都會變成商品

《塔木德》說：「任何東西到了商人手裡，都會變成商品。」其實，這句話應該改成這樣來說：「任何東西到了猶太人手裡，都會變成商品。」

猶太教規定，不能夠吃豬肉。可是，豬肉卻是世界上多數民族喜歡吃的肉類食品，因此養豬和賣豬肉是一項十分賺錢的業務。不少猶太人自己嚴格遵守著教規，在餐桌上對豬肉一點不沾。但是，在經商方面，他們卻把目光瞄準了這塊大大的「肥肉」。他們養豬、賣肉，從中獲得豐厚的利潤。據說，美國芝加哥有一個飼養生豬的猶太人，他所養的豬多達七百萬頭，而美國的生豬屠宰業有10%控制在猶太人手中。

猶太教也反對飲酒。《塔木德》說：「當魔鬼要造訪某人而又抽不出空的時候，便會派酒來做代表。」但是，世界上最大的釀酒公司卻是猶太人開的。這家名叫「施格蘭釀酒公司」的企業到一九七一年就在全世界開設了多達57家酒廠，一共生產一百多種不同牌子的酒類和飲料。

除此之外，猶太人甚至買賣公司。比如，一個猶太人創辦了一家公司，公司生意做得不錯，能夠賺一些錢了。可是，他分析了一下形勢，覺得自己能有更好的路子可以選擇，或者把這家公司繼續辦下去，一點一點掙錢，不如現在就把它賣給別人，既能比自己經營提前掙到一筆錢，還能夠節省下寶貴的時間，就會想方設法找機會把這家公司給賣掉去。

猶太商人沃爾夫森就曾經採用過這種辦法。他先是花二百一十萬美元買下首都運輸公司，後來又通過增加紅利的辦法提高股票價格，最後再賣掉屬於自己的股份，一下子增值了七倍左右。他的創業其實也就是從買企業開始的。當年，他從別人那裡借了一萬美元買下一家廢鐵工場，後來把它辦成一個高盈利企業。他的創業道理可以說比較典型。

擁有九百六十家分號的郵購公司

一九五八年，伊夫・洛列遇到一個偶然的機會，他從一位年邁的女醫生手裡得到一個秘方，這個秘方是用來治療痔瘡的特效藥膏。根據這個秘方，他研製出一種植物香脂，開始想辦法進行推銷。有一天，他翻看著法國的一份雜誌，忽然靈機一動：要是通過雜誌來刊登廣告，其效果一定會很好。於是，他花大價錢在法國的《這兒是巴黎》上刊登了有關植物香脂的廣告，並附上郵購優惠單，以此來進行促銷。

這種方法究竟可行不可行？以前可沒有人試過，他的朋友為他投入大筆的廣告費用而擔心，生怕他的投資成為泡影。沒想到的是，這種新穎的廣告方式贏來了大大的收效，來自各個國家的訂戶寄來的匯款單多如雪片，伊夫・洛列大膽創新的銷售方式以後竟成為一種廣為採用的模式。

到後來，伊夫・洛列又在原先那個秘方的基礎上研製出一種用植物和花卉混合的美容化妝品。他參照上次的模式，用郵購的方式推銷，效果仍然出奇地好，在很短的時間裡，竟然銷售了70多萬瓶。一九六七年，他在巴黎的奧斯曼大街開辦了第一家商店，這家商店的銷售方式就是郵購式的。

伊夫・洛列提醒他的員工：「每一位女顧客都是我們的王后，她們應該獲得像王后那樣的服務。」洛列公司的郵購手續簡便，他堅持給每封來信都予以熱情的回覆，這樣，他的固定客戶越來越多，據統計，每年寄到公司的顧客來信高達八千多萬封，這可真是個驚人的數字。

伊夫・洛列的郵購不搞一錘子買賣，他建立了一千多萬女性顧客的檔案，每逢顧客生日或者重要節日，這些顧客都會收到洛列公司寄上的新產品或賀卡等，這使得顧客們對洛列公司的信任度越來越高。

到一九八五年，洛列公司在全球擁有了九百六十家分號，其產品達到四百多種，每年的營業額高達25億美元。

微笑也能賣錢

這句話放在今天似乎已經不是什麼新鮮玩意，因為，「微笑服務」在那些具有現代意識的企業中，已經成為不可忽視的傳統。但是，微笑服務的起源，卻是來自我們前面提到過的猶太人希爾頓那裡。二十世紀初，希爾頓用父親留給他的一萬二千美元連同自己積攢的幾千美元開始投資旅館生意。

希爾頓善於捕捉機遇，首創了「經營城市」的模式，他的財產奇跡般地增長，很快竟達到幾千萬美元。一個人取得這樣的成績，當然非常高興，他把自己的成績告訴母親，讓她來分享自己的快樂。可是，希爾頓的母親並沒有像他那樣激動，她很淡然地說：「依我看，你跟以前並沒有什麼兩樣。事實上，你必須把握住比幾千萬美元更重要，也更值錢的東西。除了對顧客誠實之外，你還要想辦法使來希爾頓旅館住過的人還想再住，你要想出這樣一種簡單、容易、不花本錢而又行之久遠的辦法來吸引顧客，這樣你的旅館才有前途。」

母親的話，給希爾頓敲響了警鐘，使希爾頓醒悟到，經商的事業沒有止境，自己任何時候都不能驕傲自滿，更不能目中無人，這樣才能保持不斷上進的那股勁頭。但是，母親所說的那種「比幾千萬美元更重要也更值錢的東西」是什麼呢？希爾頓對此卻沒有任何底。到底什麼才能行之久遠地吸引顧客，作為顧客，他們心裡最需要的是什麼？為了解開這個謎，希爾頓開始逛商店、住旅店，親身體驗顧客的心理。

經過反覆調查和體驗，希爾頓終於明白了：顧客們所最看重、最需要的，實際上並不玄妙，它就是兩個字：微笑！

顧客們消費，除了需要獲得服務的內容，還需要服務的品質，而尊重顧客、禮待顧客，使他們產生賓至如歸的感覺，讓他們獲得心理滿足，是服務品質中最為重要的一環。母親說的不錯，微笑服務，只有它才符合「簡單、容易、不花本錢而又行之久遠」這樣四個條件。

從此，希爾頓將「微笑服務」作為自己企業獨特的經營策略，他每天都要問自己的員工這樣一句話——

「今天，你對顧客微笑了嗎？」

他要求每個員工不論如何辛苦，都要對顧客投以熱情而真誠的微笑。在經濟蕭條的時代，企業面臨困境的時候，希爾頓依然讓員工們保持微笑服務，他反覆提醒自己的員工：千萬不要將自己心裡的愁雲掛在臉上，無論旅館本身遭受何等的困難，要讓別人看到，希爾頓旅館服務員臉上的微笑永遠是屬於顧客的陽光。

憑著獨特的「微笑」，希爾頓有幸成為經濟蕭條時倖存下來的20%旅館業之一（其餘80%都被淘汰了），而經濟復蘇的時代一到來，希爾頓又率先進入發展的黃金時期，成為進軍全球旅館業的國際型連鎖企業。

有人總結說：所有優秀的企業都有一個特點，就是非常接近它的顧客，接近它的消費群體。而「微笑服務」正是使企業能夠有效接近自己的顧客的一件法寶。

猶太人的「牛皮糖」精神

大家對上個世紀80年代的溫州人一定記憶猶新。那個時候，全國絕大多數地方的人都還遵循著計劃經濟時代的規則，不懂得走南串北闖市場的時候，唯有浙江溫州人有一股精神。他們背著挎包，挎包裡裝著鄉鎮企業裡生產的從鋼筆到拖鞋等各種各樣的輕工產品，幾乎是挨家挨戶上門推銷。他們低聲下氣，他們堅忍不拔，他們軟磨硬泡，他們志在必成。多少冷臉和冷眼，他們全不在乎，就這樣，他們完成了自己的第一次原始積累，他們的產品走出去了，走向了全國。別的地方鄉鎮企業只熱鬧了一陣就紛紛倒閉，而只有溫州靠著鄉鎮企業起家，撐起了他們那一方市場經濟的天地。

莫以為溫州人早期起家的方式是他們獨創的。在半個世紀前的舊上海，猶太人就在那兒有過類似的創業史。

二戰時期，大量猶太人為躲避納粹迫害，紛紛逃離德國和波蘭等國家，前往世界各地。他們去得最多的地方是美國，但也有部分猶太人逃到中國，其中多數定居在上海。有一位生活在上海的中國人後來回憶道：

> 我見過猶太人肩上掮一疊毛織衣料，到洋行、公司的寫字間兜售。他們耐心極好，無論是被討厭，被驅趕，他總是一塊料子一塊料子地展示，總是一成一成地讓價，總是一個寫字台一個寫字台地推銷，即使是無人理睬，也總是笑臉相向，鞠躬離去。我想，猶太人在做生意方面能取得舉世矚目的成就，其一恐是得之於這種「牛皮糖」精神。

勿以利小而不為

一個人打算行善，就要從一點一滴做起，不能因為是很小的善舉，就看不上眼，認為不值一提。其實，一個人最終能夠成為善良的人，往往是從小事做起的。按照猶太人的理念，人生最重要的事情之一就是掙錢，掙錢靠的也是積累，而不能指望一口吃成個胖子。

有一個故事，說明了猶太人的這個觀點。

有兩個年輕人，其中一個是猶太人，另一個是英國人，這兩個人都抱著成功的願望，尋找著適合自己的發展機會。有一天，兩個人行走在街頭，在他們的面前，恰好有一枚硬幣掉落在地上。英國青年看見那塊硬幣，但卻並沒有給予重視，他連腰也沒有彎一下，就跨過這枚硬幣走向前去；而猶太青年卻不同。他看見這枚硬幣，心裡很高興，這是意外之財，也是無主之財，不撿白不撿，於是將那枚硬幣拾起。

後來，兩個人同時進了一家公司做事，這家公司很小，收入很低，但是工作卻很多，英國人感到不合算，就辭職離開公司另謀高就，而猶太青年卻認為這是上天賜予的機會，留下來認真勤奮地工作。過了若干年，猶太青年憑他的勤奮和精明，成為了老板，而那個英國人卻還踟躇在街頭，為尋找下一份更合適的工作而奔走。

後來有人總結說，那個英國青年看不起一枚小錢，企圖一步踏上成功之路，卻讓不起眼的機會白白流失。猶太青年卻不以利小而不為，把握那小小的機會，最終成就了大的事業。

在美國，有一位開小商店的猶太人，就是這樣發展起來的。起初，他並沒有什麼大的產業，他也並沒有想憑空就獲得這樣的機會，只是在平時的經營中注意尋找機遇。他發現，那些剛生了孩子的母親，一天到晚家務活很累，總是忙忙碌碌不能消停，她們給孩子買紙尿布的時候，經常是趕緊趕急的，就想到替她們分解憂愁——當然，他的這個想法的前提是自己能從中獲得利潤，他決定成立一家打電話送尿布的公司。

小小的尿布本來就掙錢不多，還要給別人送貨上門，一般人不願做這種吃力不討好的事情，但他卻堅持做下去了。後來，他不僅是送尿布，還包括兼送嬰兒玩具、藥物和食品，而且隨叫隨到，漸漸取得了母親們的信任，他的業務竟然拓展得很大，成為當地有名的商店。

用國籍作為股本來投資

看到這個題目，恐怕會讓我們的讀者大吃一驚，什麼？這怎麼可以，又怎麼可能？但是，它的確是發生在猶太人身上的一件真實故事。

沒想到的事情發生在第二次世界大戰結束之後的奧地利。當時，作為德、意軸心國盟友的奧地利被同盟國的軍隊占領，奧地利有一家名叫斯瓦羅斯基的公司，面臨著被法國占領軍沒收的形勢，因為法國人認為該公司在二戰期間曾經為德國法西斯效力，替他們生產望遠鏡等軍用物資。斯瓦羅斯基家族一直居住在奧地利這個國家，世代經營仿鑽石生產和銷售的生意，年深日久，積累了大筆的財富。

戰爭時期，德國法西斯集中所有的人力、物力和財力與同盟國作戰，只要在其管轄之內的企業，不可能逃脫被指派服務的命運，何況，這家經營仿鐵飾物的斯瓦羅斯基公司是很賺錢的，現在時局逆轉，在勝利者面前，你只能自認倒楣。不過，斯瓦羅斯基公司還是不情願將歷經多少年苦心經營營造出來的這麼大的一個產業就這麼白白地被充公，整個家族四處活動，希望能尋求到轉機。

這個消息被一個叫羅恩斯坦的美籍猶太人知道了，他於是決定「空手套白狼」，平白掙一份大大的家業來。他的計劃是，與斯瓦羅斯基家族簽定一個協議，假稱這個家族的產業已經全部歸於羅恩斯坦本人，這樣，斯瓦羅斯基公司將不再屬於奧地利人，而是屬於美國公民。對於美國企業，法國軍隊無論如何是不可能予以收繳的。但是，斯瓦羅斯基家族為此必須付出的代價是，在羅恩斯坦有生之年，公司所有的銷售收入中的10％將歸羅恩斯坦所有，同時，還要將公司全部產品的銷售權授予他。

條件十分苛刻，斯瓦羅斯基家族的人暗地裡都在罵這個可惡的美國猶太佬——這簡直比剝皮抽筋還要狠。可是，比起所有財產將被沒收來，這件事萬一辦成了，又算得不幸中的萬幸，因為它畢竟能把家族大部分的產業留下來，不至於整個家族傾家蕩產。於是，他們不得不忍痛簽下了協議。

協議一簽，羅恩斯坦立刻到法軍司令部去鄭重聲明，說斯瓦羅斯基公司的全部產業已歸自己——一個美國公民所有，作為美國財產，法軍無權對它做任何處置。法軍明知這裡面有文章，但由於惹不起美國人，不得已，只好放棄沒收斯瓦羅斯基公司的念頭。而羅恩斯坦所謂銷售斯瓦羅斯基公司的產品，其實目的是為了確保獲得這個公司那10％的銷售利潤。實際上，他的公司不過是個「收據公司」，他的公司裡只有兩個人，他，和一名女打字員。他們每天的工作，就是代斯瓦羅斯基公司開開收據而已。羅恩斯坦憑著一張國籍做「股本」，就此成為一位大名鼎鼎的富豪。

一次成功，讓羅恩斯坦嘗到了甜頭。他後來再一次使用過國籍這一資本來為自己的財產增殖。在奧地利和瑞士交界的地方，有一個彈丸小國叫列支敦士登。這個國家有一個獨特的政策，就是凡是具有該國國籍的人，它都只徵收特別低的稅金。這個國家的物力資源幾乎是沒有的，對於本國來說，它徵收稅金也只能是一句空話。但它的這個政策卻能給那些頭腦靈活的商人提供便利，就是他們只要交納了列支敦士登的稅金，其它國家的稅金大都可以免掉。它知道這個政策可以換錢，那些企圖通過少交稅來增加收入的商人必然會對這個國家的國籍產生興趣，那就願者上鉤，只要肯出一大筆金錢，不妨送他一個列支敦士登國籍。果然，羅恩斯坦看中了這一點，他出錢買了這個國家的國籍，並在這裡開了一家沒有任何實體的總公司，卻把分公司辦回到美國去。這樣，他一年只要交納非常少的稅，利潤收入當然就更多了。

放債——猶太人掙錢的拿手好戲

《威尼斯商人》裡的猶太人就是一個專門靠放債牟利的人，之所以說莎士比亞塑造的這個形象具有典型性，是因為，自從猶太人流浪到歐洲以後，他們的確把放債作為讓自己的財產增殖的一個重要手段。他們既然被禁止從事別的傳統行業，那麼不經商、不放債又怎能維持下去呢？放債是猶太人祖先常幹的事，而在現代商業體系裡，他們從事銀行業，其實也不過就是把祖先的事業發揚光大罷了。

曾經有一個叫做亞倫的猶太人，因為向英國王室放債而著名。

亞倫是一一二三年出生於法國的猶太人，年輕的時候移居到英國。他剛到英國的時候，幾乎就是個窮光蛋，手頭沒有幾個錢，就連一日三餐還要靠打工來維持。後來，他有了一點積蓄，開始嘗試做小生意，但是，做生意離不開資金的周轉，他便向錢莊借貸。他發現，錢莊可是個掙錢的好把勢，你借了它一點錢做本錢，好不容易掙了點利潤，差不多都要償付給它做利息，因此他決定自己來開這樣一家錢莊，從事放債業務。但開錢莊的前提是必須擁有大筆的資本金才行，亞倫當然沒有足夠的錢，他就採取自己到錢莊借錢，然後再轉貸給他人的辦法，從中賺取差額。他借貸一個月，收取的利息是20％，這樣，一筆資金一年下來，就可以獲得240％的回報。

由於他的精明能幹，他的放債業務越做越大，不幾年就成為倫敦有名的放債人了。到後來，他的業務甚至做到了英國王室那裡。那時候，英國王室、貴族甚至教會也常常有缺欠金錢的時候，他們花起錢來毫無節制，就像流水一般，因此，有再多的進項也總是感到不夠用。而能夠向王室提供借貸資金能力的人屈指可數，亞倫恰恰是其中之一。而教會向他借錢，主要倒不是用來揮霍，而是用來興建教堂。英國很多教堂比如西多會教堂、林肯大教堂、彼得伯勒大教堂等等，都是從他這裡貸款修建的。

向王室、貴族放貸，又比民間放貸的效果更好，因為那都是大筆的資金出入，所獲利息自然頗豐。到後來，他的財富竟然遠遠超過了王室的收入，這令王室對他的財富也垂涎不已。亞倫去世前，他的財富幾乎無法計數，他擁有的黃金珠寶可以裝滿一艘船，他還擁有一批住宅甚至教堂等建築物，另外，還有在外面尚未收回的貸款一萬五千英鎊。那時候，英國王室一年的收入才一萬英鎊（那個時候，英鎊和現在的比值簡直不能相提並論，那時一萬英鎊就是一筆巨額財產了）。

亞倫於一一八六年去世，享年63歲。他死了以後，英國王室專門成立了一個「亞倫資金特別委員會」，將他的財產「收歸國有」，還準備將他的全部黃金珠寶作為對法國開戰的戰爭經費。可惜的是，裝載這些財寶的貨船在英吉利海峽沉沒，亞倫財寶就這樣失落於茫茫的大海之中。

真假聾子的營銷把戲

在經營中不能違反法律法規，不等於不能玩花招。猶太人之所以讓人「痛恨」，就是因為他們老會出其不意地想到各式各樣的把戲來引誘顧客上當。你上了當，心裡雖然有氣，但卻怪不得別人，誰叫你自己心裡不乾淨，老想貪小便宜呢？

在美國，有一對叫德魯比克的兄弟，合夥開了一家服裝店，他們的營銷手段就像是演雙簧。他們慣用一種伎倆，就是兄弟中派一人站在店門口，非常熱情地邀請來往的路人進店裡來「賞光」。路人只要進了他們的店，很少有不著他們的「道」的。

那位熱情的兄弟會首先向顧客介紹他們店裡的服裝，並盡量動員他們試穿。顧客在試穿之後也未必想買，但見到店主這麼熱情，又不好意思直接拒絕，就想找借口開溜，比如說衣服價格太貴等等來婉拒，偏偏這反而給了兩兄弟機會。顧客一般會先問這件要多少錢？那麼熱情的兄弟就會故意說：「哦，你說什麼？我耳朵不好，你再說一遍。」於是顧客提高聲音再問了一遍。這時，這位兄弟就回答說：「我問問老板看！」於是他用很大的聲音，假裝問他的坐在裡面的兄弟：「顧客看中的這件衣服賣多少錢？」那個「老板」回答：「這件衣服呀，72美元！」

為了把戲做的更足，這位兄弟又問：

「多少？」

「72美元！」老板故作不耐煩的樣子說。

「哦，老板說了，42美元，您要不要吧。」

顧客明明聽見「老板」說的是「72美元」，可現在這位耳聾的店員卻說是「42美元」，這價格差了幾乎一倍。從顧客的角度來看，他會認為，這都是耳聾惹的「禍」。這件衣服也許不是最佳的，但此時，能省下30美元的誘惑往往會促使他趕快掏出錢包。當顧客帶著占了便宜的滿足離開德魯比克兄弟服裝店後，那兩兄弟看著他的背影，禁不住相顧而笑。

還有一個利用聾人搞營銷的例子，用意卻與此不同。在一些營業「窗口」，總會遇到一些急躁、焦慮和不滿意的人。這些人很容易激動，也很容易發火。他們稍不如意，就會朝著辦事人員大聲嚷嚷，吵鬧宣洩，而這很容易影響在「窗口」工作的服務人員的心理，給他們產生壓力。

有一位猶太老板想出了這麼一個主意：他專門聘請那些雖貌美如花，但卻聽不見聲音的女孩來「窗口」工作。這些女孩子由於聽不見顧客們刻毒的咒罵和怨言，所以她們能夠很冷靜、很從容地保持比較平和的工作心態，這反而使工作效率和工作質量得到保證。這可真是一種絕妙的手段。

磚頭大小的黃金值多少錢？

兵法要用奇謀，商戰也要用奇謀；兵法不講信義，不守規則，在一個規範的商業文明當中卻不能不講究規則，這個規則中最重要的一點就是不能搞違背法律和道德的事。猶太人善用奇謀，但是他們決不明目張膽地搞欺騙，他們利用人的心理來達到目的，卻不會將法律置之度外。這裡再講一個猶太人運用智慧獲得成功的故事。

有一位叫費爾南多的猶太人。一次，他來到一個小鎮，要到鎮上的猶太教堂參加禮拜，但由於身無分文而無法住宿。於是他找到猶太教堂的一位執事，請求他的幫助。執事遺憾地對他說：

「照理我應當盡可能地幫助你。可是，你也知道，每到星期五，來到這兒的窮人特別多，他們都需要幫助。現在，小鎮上幾乎家家都住滿了人，沒有空餘的地方可以留宿。惟有金銀店的老板西梅爾家例外。可是，據我知道，他可從來不肯接待外來的人住宿。」

費爾南多聽了執事的話，說：

「感謝你提供給我這個信息。我現在就到他家裡去住宿。」

執事關切地說：

「西梅爾可不是一個大方的人。我還從來沒見過有任何外人能隨便住進他的家呢！」

費爾南多挺有把握地說：

「你放心，我自有辦法的。」

說完，他徑直來到西梅爾家中。

在敲開西梅爾家的門後，他不顧主人皺眉不悅的樣子，反而神秘兮兮地把西梅爾拉到一旁，一邊從自己的大衣口袋裡掏出一塊磚頭大小的包裹，那包裹沉甸甸的樣子，費爾南多拿在手裡，不時要用兩隻手托著。他故意悄悄地問主人：

「請問您一下，磚頭大小的黃金大約能值得多少錢？」

金銀店老板受了費爾南多問話的暗示，見到那磚頭大小的沉甸甸的物品，心裡想，這一定就是這位客人隨身攜帶的黃金了。可是，現在正是安息日的時刻，按照規矩是不能夠隨便談論錢財、生意等等事情，以免褻瀆神靈。於是西梅爾很主動地對費爾南多說：

「您詢問的事情我知道，可現在不便於回答。這樣吧，要不您今夜在我家裡住下，等過了安息日，我一定會讓您滿意地告訴您。」

就這樣，在整個安息日裡，費爾南多都受到西梅爾的熱情接待。

安息日過去了，終於可以正正當當地談生意了。西梅爾笑容滿面地來找費爾南多，對他說道。

「朋友，現在好了，我可以對您問的問題進行回答了。您把帶來的那塊黃金拿出來讓我看看，我估個價，保險會讓您滿意的。」

這個時候，費爾南多拿出那個包裹，打開讓西梅爾看，原來，那包裹裡竟然真的只是一塊磚頭。費爾南多說：

「謝謝您的款待。那天晚上，我只不過是好奇，想詢問一下，像這麼大一塊的金子究竟值得多少錢。您看我這副樣子，哪像有什麼黃金的人！」

金銀店老板聽了，心裡十分氣憤，但卻又無可奈何。

把廢品直接變成商品

一根廢舊的電纜，一般人會怎樣處理？最簡單的辦法當然就是送到廢舊物品收購站去，至少可以換回幾個錢。但是，如果把投入的工作精力和運送成本等計算上去，那就不一定合算，不如去做些別的事情更有收獲。那麼，這件事當然也只能讓那些專門從事廢品收購的人去做了。而且，按照我們的習慣思維，所謂廢舊利用，是說廢棄的東西可以經過重新冶煉、翻新等等再生產過程將它變成再生資源加以利用。但是，有的人卻不這麼看，他有本事直接將廢品變成商品。

一次，美國的報紙上登載了一條消息：美國鋪設在大西洋底的一條越洋電纜，因為使用年限已久，需要更換。大多數讀者看過這條消息後，並沒有聯想到這與自己能發生什麼關係：那不過是通訊部門的事情罷了。更不會想到這裡面可能產生什麼商機。

但是，一位珠寶店的老板眼光卻不一樣，他透過這條消息看到了金錢的魅力。他花錢買下了這條電纜，將它截成一小段一小段，然後將裡面的金屬芯抽出，經過精心修飾後，加工成紀念品。這來自海洋深處的東西立刻身價倍增，人們覺得它很有收藏價值，紛紛掏錢購買。就這樣，並沒有花費太多的力氣和成本，廢品升值了，完成了從廢品到商品的直接跨越。

作為我們一般人而言，到此也就很滿意了。可是那位珠寶商卻興猶未盡，他還要繼續做文章呢。他用那根廢電纜掙的錢買下一位皇后的鑽石，那個鑽石淡黃色，閃著晶瑩的光澤，早已是聞名歐洲的稀世珍寶。買鑽石如果不是自己使用的話，一般有收藏起來和轉手賣出這兩種增值方式。

但是，珠寶商的增值方式又別具一格。他籌備了一個首飾展覽會，事先就發布廣告，說要在展覽會上展出這顆鑽石。結果，展覽會開幕期間，許多願意一睹昔日皇后風采的人紛紛趕來，展覽會上人頭攢動，摩肩接踵，熱鬧非凡。自然，珠寶商又喜氣洋洋，有了一筆大的進帳。

生意就是創意

對於拍賣，大家都已經很熟悉，這是商業領域的一種特殊的銷售手段。世界上最著名的拍賣行，是美國的蘇富比拍賣行，它拍賣過許多世界著名的商品，它在世界拍賣行業的聲譽是無以倫比的。越南戰爭期間，這裡的一位名叫卡塞爾的拍賣師創造過一個特別的拍賣場面。

那時候，美國陷入越南戰場已經多年，軍費開支成天文數字攀升，還遠遠不能滿足戰爭的需要。一次，好萊塢的電影明星們舉行了一場募捐晚會，希望能為戰爭籌得一些款項。可是，由於這場戰爭越來越不得人心，民眾的反戰情緒越來越嚴重，所以募捐很不成功，整場晚會居然沒有募到一分錢。

在這種情況下當然很難堪，然而募捐是自願的，沒有誰能夠強行從別人口袋裡掏出錢來。這個時候，年輕的卡塞爾起身打破了尷尬。他在現場挑選了一位美貌的姑娘，說是要拍賣這位姑娘的親吻，起拍的價格為一美元。有一個人真的舉起了手，說願意出這一美元。結果，這個人得到了姑娘的吻，而募捐晚會也終於打破了零的尷尬。後來，好萊塢把這一美元寄往越南前線，卡塞爾的這次拍賣也上了各大報紙頭條。

卡塞爾的拍賣成為蘇富比拍賣行的空前紀錄，也成為好萊塢歷史上的一場紀錄，並由此登上了金氏世界紀錄。這位頗具創意的天才被德國的一家獵頭公司看中，將他推薦給當時已經營不善的奧格斯堡啤酒廠。奧格斯堡啤酒廠當然如獲至寶，重金聘用卡塞爾作為企業顧問。

卡塞爾來到德國，果然不辱使命。他那不拘一格，喜歡異想天開的想像力得到了大力發揮。在他主持下，奧格斯堡啤酒廠開發了美容啤酒和浴用啤酒，這兩種新產品一時暢銷歐洲大陸，使得原本搖搖欲墜的奧格斯堡啤酒廠，一夜之間擴張為歐洲乃至整個世界最大的啤酒廠之一。

後來，德國政府又聘請卡塞爾擔任顧問，恰好柏林牆拆除，卡塞爾主持這項事務。這一次，他將柏林牆的每一塊磚頭都以收藏品的形式賣給全世界二百多萬個家庭和公司，德國政府為此獲得了大大的一筆收入。

卡塞爾的故事還沒有結束。到一九九八年，美國的拳壇發生了一件轟動世界的事情。從監獄裡出來的昔日拳王泰森在和另一位拳王霍利菲爾德舉行爭霸戰的時候，竟然獸性大發，一口咬掉了霍利菲爾德的半個耳朵。就在第二天，歐洲和美國的一些超市上就出現了以「霍氏耳朵」為品牌的巧克力，而這種巧克力的生產廠家不是別人，正是卡塞爾自己的特尼爾公司。當然，霍利菲爾德不會容忍他這樣侵犯自己的名譽權，於是對卡塞爾進行了起訴。起訴的結果，卡塞爾將出售巧克力的利潤的80％賠給了霍利菲爾德，但他的聰明卻給他帶來了年薪三千萬的新職位。

二十一世紀到來的時候，卡塞爾回到自己的母校休士頓大學進行有關如何創業的演講，演講會上，一位學生以猶太經典裡一位拉比的故事，當場向他提問，請他在自己單腿站立的時間裡，把創業的精髓告訴大家。那位學生正在抬腳的時候，卡塞爾的回答已經完畢。他說：「生意場上，無論買賣大小，出賣的都是智慧。」

連鎖經營——猶太人的發明

今天，連鎖店是最好的經營方式之一，大凡具有相當實力的商業企業，都會採用這種方式來擴大自己的營銷市場。不過，這種經營方式最早卻是由猶太人盧賓構想出來的。

在美國西部的淘金熱時代，盧賓靠開商店經營生活必需品而發展起來。經過八年的苦心經營，他的生意越來越大。可是，正像所有的猶太人一樣，盧賓也不是一個輕易滿足的人。他發現，與他同時出道的人當中，有一個人一直發展得比自己快。經過詳細調查，他發現了秘密，就是那個人在做生意的時候，不像當時其它商店那樣，標出的價格總是讓人不放心。

當時的零售習慣是，店家對商品標出自己的價格，而顧客則要經過討價還價才會最終掏錢購買商品。這種習慣不僅對於店家很煩人，對於顧客來說更是一件吃力不討好的事。由於那家商店標出的價格讓顧客放心，顧客很願意到那兒去買商品。盧賓心想，如果乾脆來個明碼標價，顧客來到店裡連問價都不需要就可以直接確定自己是否購買不是更好嗎？

於是，世界上第一家明碼標價的商店出現了。這種交易方式既提高了營業效率，又贏得了顧客的信任，盧賓的生意馬上火爆了。但是，顧客多了，店面也就顯得擁擠，不少顧客來了之後，由於要長時間地等待，便只得空手離去，到別家店購物。而且，明碼標價的方法做起來很簡單，別的店很快也就學會了。

這時，勤於思考的盧賓繼續動腦筋，希望能有新的方式來爭取更多的顧客。他想到，自己這種明碼標價的方法雖好，但由於商店的容積有限，人多了自然會變得擁擠不堪，許多顧客因此到別的商店去採購也就順理成章。那麼可不可以將自己的店面擴大呢？當然可以。但是，即使擴大，面積也不可能無限增大的，而且，顧客們的需求相同，但他們的居住地點卻大不一樣。哪怕某一家商店名氣再大，由於距離的原因，別人也不可能都到你這裡來購物。如果我把自己的店開到其它地方去，那麼只要打上我的店名，再遠地方的顧客也可以買到我這裡的東西，豈不是更好嗎？

就是在這樣的靈感下，盧賓又創造了一種新的經營方式，那就是連鎖經營的方式。而且，連鎖經營不但跨出了郡域、州域，後來竟走出了國界，成為一種跨國經營的手段。

不會創新就不會營銷

不過，凡事不可一概而論。歷史上許多成功的經驗固然有值得借鑑的一面，但如果不按照實際情況進行模仿，照搬照套，很可能弄巧成拙。經商如此，作戰也如此，純粹照葫蘆畫瓢是不行的。

據說，荷蘭有過一個名叫德布爾的珠寶商，某年為紀念10周年店慶，突發奇想搞了一次廣告促銷活動，他向各地的四千名顧客寄出郵件，在其中二百個郵件中裝入鑽石，而在其它郵件裡裝入一種看起來像鑽石，但價格卻便宜許多的鋯石。他滿以為那些人收到郵件後，會對他的做法表示贊嘆，而那些收到真鑽石的人更會來信表示感謝。

誰知道，郵件發出後，遠沒有收到他所期望的反響，他不知道發生了什麼情況。後來，他實在忍不住，打電話向一些客戶問了一下，沒想到，顧客們的回覆是：因為現在的廣告郵件實在太多，已經讓人厭煩，許多收到他的郵件的人，連拆都沒拆開，就將它扔進了垃圾箱。

不動腦子，缺乏創意，一味模仿，使得一場營銷活動結果和目的南轅北轍，鬧出了笑話。所以說，營銷的能力，在根本上還是思想的能力和創新的能力的具體展示。

最根本的營銷「技巧」——誠信和服務

我們講了猶太人在營銷方面的許多「花招」，但是他們之所以能取得成功的最根本的一條還是兩個詞：誠信和服務。

美國著名的花旗銀行是怎樣發展起來的？有一個小故事可以說明他們的方法。一次，有個陌生的顧客從街上走過，忽然想到要換一張全新的百元美鈔。他走進花旗銀行的營業廳，一位職員接待了他。可是，恰好這家營業廳沒有全新的、未使用過的百元鈔票，於是，那位職員花了15分鐘時間，替他打了兩個電話，最後終於找到一張這樣的鈔票。然後，這位職員知道顧客要這張鈔票是想用它作為獎品用的，便主動為他找了一個精致的小盒子，將鈔票放進裡面，同時還放進一張名片，寫著——謝謝你想到我們的銀行。

這位顧客記下了這家營業廳的位置，過了不久，他再次來到這裡。不過，這次他不再是換鈔票，而是將自己的賬戶開到這裡來了。原來，他是一家律師事務所的管理人員，在幾個月的時間，他就在這裡陸陸續續的存入了25萬美元現金。

有一位留學生曾經講過這樣一件他親身經歷的事情。他剛到美國的時候，用五百美元在一家猶太人商店買了一台彩電，回去後才發現，這台電視機有質量問題，於是就給商店打了電話，告知情況。沒想到，電話剛掛斷不久，商店裡就派了人來，檢查了電視機之後，馬上向他道歉，並說「馬上換一台」。這位留學生跟隨商店的人員來到商店，商店老板再次表示歉意，並說，你可以隨意挑選一台彩電，但是，「一定請多關照」。結果，留學生看中了一台價值八百美元的彩電，猶太老板沒要他補一分錢差價，而是二話沒說，立刻派人幫他運了回去。

美國凱特皮納勒公司是生產推土機和鏟車的一家大型公司，它的產品銷往全世界。它在自己的廣告裡這樣宣稱：「凡是買了我們產品的人，不管在世界的哪一個地方，需要更換零配件，我們保證在48小時內送到你們手中，如果送不到，我們的產品白送你們。」要是有人以為這不過是他們的促銷手段，那就大錯特錯了。他們說到做到，有時甚至只是為了一個價值50美元的零件，不惜動用直升機空運，其空運價格相當於零件價格的40多倍。也有因各種原因偶爾沒有在48小時把零件送到的，他們決不食言，果真就把產品無償送給顧客。猶太人的這種營銷「手段」，可謂所向披靡，無往而不勝。

金錢屬於那些有智慧的頭腦

在即將結束本章的時候，我想，我再來講一個故事，這個故事就和本章開頭那兩個故事一樣，也是高難度的推銷典範，其銷售智慧與猶太人相比並不遜色，換句話說就是，只要肯動腦筋，在寒冬季節賣冷飲和向美國總統推銷產品都是辦得到的，正所謂「世上無難事，只怕有心人」。

這個故事講的是一家公司招聘員工推銷木梳，但卻規定木梳不能在一般市面上賣，要拿到深山裡的和尚廟裡去賣，而且必須賣給和尚。一見這樣的招聘條件，許多人都知難而退，最後只剩下三個人，準備堅持到底，一顯身手。公司知道這不是一個容易做出的題，便給於每個人十天期限。十天期滿後，三個人回到公司，他們都有收獲。

第一個人的銷售成績是一把木梳。他向主管人員匯報自己的銷售情況時說，他到了一個廟宇，在那裡向住持等管事的和尚們推銷了很久，講得口乾舌燥，並沒有取得成效，只好快快而回。但是在下山的時候出現了機會。他看見一個小和尚走在路上，光光的腦袋在太陽底下被曬得亮晃晃的，也許是出汗或者是沾上了灰塵，他一個勁地抓腦袋，撓頭皮，腦袋癢得不行。於是他趕緊上前對小和尚說，用這個木梳試試看？小和尚一試，果然不錯，於是滿心歡喜地買下一把帶上山去。

第二個人的方式比第一個人就巧妙了，所以他賣出了10把木梳。他採取的方式是這樣的：他看見山上風總是很大，凡是來這裡進香的、拜佛的，一路走來，頭髮都被風吹得很亂，於是找到主持說：前來進香和拜佛的人都懷著一顆虔敬的心，可是，這山上的風這麼大，他們辛辛苦苦到了廟裡，卻弄得蓬頭垢面的樣子，很是不好看。我想他們自己心裡大概也不自在。如果你這廟裡能主動替香客們著想，在香案旁準備一些梳子，他們燒香和跪拜之前，可以整理一下頭髮，他們一定會對神更加恭敬和虔誠的。住持一聽，頗有道理，便採納他的建議，買下了10把木梳。

第三個人的智慧簡直就可與猶太人相提並論了。這個人對住持說：凡是前來進香的和拜佛的，都會敬獻香火錢給廟裡，說明他們對這個廟的神靈很信賴。如果能夠在他們表示虔敬之心後得到一點回贈，那心裡的喜悅就更加濃了。我這次專門替您這廟裡帶來一千把木梳，梳子上面可以寫字。我看您的書法很好，假如您能親自在梳子上寫下「積善梳」幾個字，既能勸人向善，弘揚佛法，又能展現您這廟宇裡高僧的道行和深厚的書法功力，當然也可以使那些善男信女們有一個紀念物品帶回去，更增添他們對您這裡的記憶。這個人這麼一說，那廟裡的住持不由心花怒放，痛痛快快買下了他帶來的所有木梳。

在不可能的地方創造可能，這就是奇蹟。有一位哲人說：機會只屬於那些有準備的頭腦。而我們也可以這樣說：金錢只屬於那些有智慧的頭腦。如果你能夠在嚴寒的冬季熱賣冷飲，如果你能夠向總統推銷出一把斧子，如果你能把梳子賣給沒有頭髮的和尚，那麼面對風雲變幻的市場，你將無往而不勝。

第8章

四海一家，有難同當

——聚合力

猶太人的互助精神

19世紀中期到20世紀初期十月革命之前，俄國猶太人金茲堡家族成為俄國最大的金融集團。這個集團由他們的祖先於一八四〇年創立，經過幾十年的苦心經營，發展到在全俄國有幾十家分行，與歐洲的金融界也建立了廣泛而密切的業務聯繫。由於財力雄厚，這個家族有條件做一些帶有慈善性質的事業。在與沙皇溝通並取得他的許可的情況下，金茲堡家族在彼得堡建立了一家猶太會堂，一八三六年，又出資建立俄國猶太人教育普及協會，並用家族在俄國南部莊園的收入建立猶太人定居點。後來，這個家族還把他們自己所擁有的堪稱全歐洲最大的圖書館捐贈給耶路撒冷猶太公共圖書館。

金茲堡家族的這種行為也是得自於猶太民族的傳統。猶太人長年在世界上過著漂泊的生活，說不定就有哪個國家會對猶太民族採取排擠和打擊的政策，猶太人從富可敵國一變而為身無分文的事情並不少見，因此，他們把對於本民族的人進行接濟和幫助視為不可推卸的責任。不僅猶太富人如此，就是猶太窮人也同樣具有這樣的品格。

據說，早年的猶太人中，即使是常常三餐無所著落的人家，也會在家裡保存一個攢錢的小盒子，裡面放著幾枚零錢，隨時準備用來接濟給前來尋求幫助的猶太人。在猶太民族中，由於長期都有這樣的互助活動，因此後來發展成為一種固定的慈善機構，這些慈善機構一般都由比較富裕的猶太人出資建立。而在猶太人居住的社區，他們相互之間的往來也很緊密。按照每七天做一次禮拜的習慣，他們到了周末就會聚集到一起，相互進行交流、討論，而到後來，又發展為一起欣賞音樂、觀看電影和舉行娛樂活動等等，這個民族的聚合力就是在這種長期的潛移默化之中，一直不斷地保存下來。

自從國家被異族占領以後，猶太人便過著流浪的生活，不論是在亞洲、歐洲，他們常常受到排斥，受到打擊。但是，盡管許多地方總有一些人並不歡迎他們，但他們卻能夠走便天下。在中東和歐洲大陸，他們的足跡踏遍了每一塊土地，而且只要在正常的年代，他們總能夠在那裡立下腳跟。

長期以來，猶太人形成了這樣一個傳統，就是對於那些出走他鄉的同胞，必須伸出援助之手，以幫助他們克服初來乍到時人生地不熟帶來的困難。那些類似於慈善機構的組織的責任當然不僅是幫助那些外來的猶太人，而主要是在當地協調和處理本地猶太人之間的有關經濟和生活方面的問題。

但外來的猶太人每到一個新的地方，如果他希望得到救助的話，首先就會去找這一類組織尋求幫助，而只要找到了組織，這種幫助就一定會實現。

不過，猶太人組織並不是大鍋飯類型的，他們的救助方法非常符合猶太人的特點，就是，你新來乍到，食宿問題會得到解決，但組織不會免費為你提供你所需要的一切，也不會永遠讓你這樣吃住下去。

猶太人的辦法是，替你尋找一個適合你的工作環境，或者給你提供一定的條件讓你能站住腳，然後，一切就靠你自己去創造，去打拼。比如有一個鞋匠，他來到一個新的地方尋求幫助，當地的猶太人組織會幫他找到本地的一個猶太人鞋匠，而本地這個鞋匠會說，我一個人目前的能力只能在這個城鎮的西邊發展，既然你來了，我借給你錢，你到東邊找一個地方，租一間店面，打我的招牌開一家分店。等你站住了腳，也賺到了錢，就連本帶利還給我。

跨地區的猶太人網路

除了民族團結和民族感情的需要外，猶太人有如此高度聚合力還有一個很直接的原因是與他們所從事經濟活動有關。我們說過，猶太人自從滅國以後，從地中海一帶逐漸遷徙到了歐洲那邊，而歐洲許多國家制定法令，不允許猶太人從事農業、製造業等等行業，猶太人只有從事金融和經商的職業。這兩種行業的主要特徵之一是流動。金融和經商，用現在的話語體系來表述就是物流和貨幣流。

既然是做生意，商品和貨幣的流向不應是盲目的，而應朝著能產生最大效益的地方進行，這就需要一個信息網路。而信息的收集和流通又是靠人來開展的，於是，很自然地，猶太人便自覺組織起這樣一個能夠相互傳遞信息的網路，來保障他們之間的聯繫與溝通。這個網路當然不僅僅是溝通經濟方面的信息，它還包括政治信息和社會信息，同時也包括猶太人相互之間的情感聯絡。

這樣，一個跨國家、跨地區的貿易網路形成的同時，也就是猶太人之非正式的、鬆散但卻有效的社團組織建立的開始。「同是天涯淪落人」的心態使得猶太人在一起的時候那份親切、那份民族認同感比別的民族要來得濃烈得多。為了信息傳遞的需要，也為了民族聚合的需要，猶太人到了別的國家，還往往喜歡創辦屬於他們自己的報紙，比如當年在東北哈爾濱的猶太人就創辦了諸如《猶太言論》、《猶太生活》和《遠東報》等刊物；而猶太人在一個地方或一個國家的產業也往往會集中在某些行業上面，比如法國的銀行業、南美的採礦業等等。而在某些國家和地區，這樣一些產業竟然形成被猶太人壟斷的局面。

美國的猶太幫

猶太人自從喪失了自己的國家之後便到處遷徙，有的時候是因為遭到當地人的迫害，而更多的時候，卻是因為生存的需要，或是發現了更好的機會。他們一旦發現新的機會，便會毅然放棄原本已基本安定的生活趕赴新的場所。

自從哥倫布發現美洲大陸以後，隨著工業革命的成功和歐洲不斷向外地拓展殖民地，這塊新大陸成為許多冒險家的樂園，猶太人也緊跟著來到這裡。猶太人移民和別的人不同，他們往往是整個家族一起前來，男女老幼，拖家帶眷。起初，北美大陸新阿姆斯特丹領袖史涂威森曾經拒絕猶太人進入這塊殖民地，直到猶太人保證照顧自己族群的老弱病殘後，才同意他們在此定居。

美國聯邦成立後，猶太人積極參加當地的政治選舉，他們通過提供政治捐款、創辦輿論工具、組成院外集團等等途徑幫助本族人參加競選。每次選舉當中，猶太人是各個民族中投票率最高的，一般都高達90%。正因為此，在猶太人聚居的地方，政治領導人都會不惜代價爭取猶太人的選票。

美國的參、眾兩院，都有由各種政治利益的代表組成的形形色色的院外集團在活動，這些活動的目的當然是為本集團的利益奔走呼號。據說，所有的院外集團中，猶太人院外集團的組織性最嚴密，活動效率也最高。猶太人的院外集團不光自身形成一定的組織，而且還與全美各猶太人組織和社團保持密切聯繫，這樣，從上到下基本上就類似於一個相互關聯的網路了。

這個網路隨時可以形成強大的力量，去影響猶太選民，影響國會議員和政府官員，進而影響美國國家政策的制定。世界上每當有關猶太人的利益成為焦點或以色列與阿拉伯國家發生衝突之時，這個人脈網路的巨大作用，便立刻發揮出它的影響力。

以色列重新建國的歷史

上個世紀30年代，德國納粹上台，再一次掀起了對猶太人的迫害，面對這樣的現實，所有的猶太人都對自己這個民族的命運感到傷心，於是，一場猶太復國運動開始興起。這場復國運動的目標是，在猶太人祖先曾經生活過的地方也即巴勒斯坦地區，重建一個猶太人國家。

而經過上千年歷史的變遷，當年猶太人生存的土地早已成為阿拉伯人的居住地，而且這裡目前還是英國的殖民地。人數眾多的阿拉伯人當然不願意猶太人重新回到這裡來建立一個國家，因為那樣的話，必然要使得有限的生存資源重新分配，於是阿拉伯人起來反對。

面對阻力，現在中東地區生活的數量有限的猶太人想成立國家當然十分困難，這場運動的發起人之一，後來被稱為以色列國父的本・古里安設想了一個計劃，就是鼓動大批猶太人移民來這裡安家，他希望至少有一百萬猶太人能從世界各地來到這裡。有了相對多的人口，建國的事情就好辦一些，這樣可以迫使英國殖民者同意猶太人與阿拉伯人的分治方案。古里安的移民計劃，就連後來接任以色列總統的魏茲曼都感到懷疑，他認為，要移民一百萬，至少需要二、三十年的時間。

直到一九四二年，古里安的建國計劃依然遭到那些穩重的猶太人領袖的反對，他們認為古里安的「綱領中有很多吹噓的成分」，而古里安本人「太樂觀了」。可是，令魏茲曼等人沒有想到的是，移民計劃一開始，就得到眾多猶太人的響應。時間僅僅過了五年，這裡的猶太移民就大量增加，以至聯合國也不能不正式通過決議，同意將巴勒斯坦分成一個阿拉伯國家和一個猶太人國家。

一九四七年11月29日，聯合國大會正式通過「巴以分治」的決議，這意味著國際社會承認以色列國家重新「誕生」。消息公布之後，巴勒斯坦境內的阿拉伯人發起騷亂，抗議聯合國的這個決議。抗議演變成為暴力衝突，這意味著，猶太人的新國家成立之時，很可能會面臨一場戰爭。這個時候，猶太總會立刻決定，籌集款項，建立自己的武裝部隊。

在美國，幾乎所有的猶太人都行動起來，各種猶太人組織主動為遠隔千山萬水的未來的以色列國募捐，以色列前總理梅厄夫人奉命到美國籌款，僅兩天時間，就有五千萬美元巨款交到她的手中。這筆錢保證了以色列軍隊與國家一同產生，而巴勒斯坦的阿拉伯人當初卻沒有自己的正式軍隊，因此，以色列立國沒遇到真正的困難就完成了。

在第四次中東戰爭中，前蘇聯為自己的代理人埃及提供了高達54億美元的援助，而美國給其盟友以色列的援助遠遠低於前蘇聯給埃及的援助，只有13億美元。為了打贏這場戰爭，以色列財政部長薩比爾赴世界各地「化緣」，效果十分明顯，僅美國的猶太人就提供捐款7.5億美元，住德國的一名猶太人甚至把一張空白支票交給以色列駐德大使，告訴他們以色列需要多少錢就填多少。

《塔木德》講述的故事

從前，有一個國王得了一種世界上罕見的疾病，他下令搜尋各地的名醫來給他治病。有一個著名的醫生看過他的病以後，說，這種病只有一個方法可以治好，那就是要喝獅子奶，方可痊愈。獅子是一種十分凶猛的動物，人可以殺死它，但卻不可能親近它。可殺死了獅子，獅子的奶也就得不到了。

這可是個讓人一籌莫展的難題。

有一個小男孩知道了這個消息，自告奮勇地說，他願意去試一試。於是，他每天都跑到獅子住的洞穴旁，給母獅子送上野物。母獅子也每次都接受了他的好意。

過了大約十天左右，小男孩和獅子已經處得很融洽了，於是，便試著從母獅那兒取了一些奶，給國王送去。

可是，在去王宮的路上，他身體的各個部位卻在為誰的功勞大而爭論開來，而且吵得不可開交。

他的腳說：「如果沒有我，就走不到獅子住的地方了。」

手卻說：「如果沒有我，即使走到了獅子那兒，又怎能將奶取來呢？」

眼睛說：「如果沒有我，連獅子在哪兒都看不見了啊！」

舌頭見大家這樣吵來吵去，忍不住說：「我看大家不用再吵了，這應當是我們共同的功勞，大家都是不可缺少的呀！」

身體的其他部位一聽，都紛紛攻擊舌頭，說：「在這件事情上，你完全沒有價值，這裡沒有你講話的份！」

舌頭回答：「我到底有沒有用，待會兒你們就知道了。」

到了王宮，男孩向國王獻上這杯奶，國王問道：「這是什麼？」舌頭為了向大家證實自己的話，便故意說：「這是狗奶。」舌頭這樣說話，不是要惹得國王生氣嗎？身體別的部位一聽，才知道舌頭先前所說的話是對的，於是趕緊向舌頭道歉，舌頭這才更正說：「這正是獅子奶，是專門取來給您治病的。」

國王吃了獅子奶之後，身上的怪病果然好了。於是，他就給了小男孩重重的賞賜。

這個故事正是教育猶太人團結與互助的重要，而這種精神以後一直滲透到猶太人的血液中。

客人不需要金盤子

猶太人很看重自己神，他們在宗教上是非常虔誠的。但現實生活中他們卻常常受到欺凌，這使他們一直期望著世界各個民族和各個階層人民的平等。一般來說，他們無論來到哪個國度，都自覺約束自己，希望能以自己的行為感化別人，從而獲得別人的諒解，並與之搞好關係。所以有人評價說，他們善於自我反省，慎獨自律的精神很強。他們希望自己能盡可能地融入到所在的社會中去，不要因為自己的行為不慎重、不檢點而遭來別人的排斥。

猶太人有一句格言：

「受到侮辱卻不侮辱別人，聽到誹謗卻不反擊。」

這樣的境界，應該說是很高的了。猶太人的這種境界和行為方式，應當說是從現實生活中所積累的經驗總結。

當摩西帶著以色列人上路的時候，經過以東這個國家。摩西對以東國王說：「請允許我們從您的國土上通過……我們不會喝任何一口井裡的水。」摩西的意思很明確，就是怕當地的人誤解以色列人的意圖，擔心他們路過時會給自己的生活帶來不利的影響。幾十萬人路過一個地方，人踏馬踐，連草都會死光。摩西理解當地人的心情，所以主動做出保證。

反面的教訓也有。猶太人曾長期為羅馬人所統治。有一次，富商巴尤哈尼亞準備設宴款待羅馬貴族，事先，他向拉比以利則咨詢。

拉比告訴他：「如果你打算邀請20個人，就做好足夠招待25個人的準備。如果你打算邀請25個人，就做好足夠30個人的準備。」

可是，巴尤哈尼亞沒有完全聽從拉比的告誡，只準備了可招待24個人的飯菜。結果，宴會上來了25個人。倉皇之中，不知是表示歉意還是舉止失措，他將一個空的金盤子放在了沒有菜的客人面前。客人拿起盤子，把它憤怒地扔到地上，叫道：「難道你打算讓我吃金子嗎？」

處處檢省自己，是猶太人避免錯誤，與人為善，穩妥處事並與周圍人搞好關係的一個法寶。猶太人還有一個特點：他們隨時準備著美好的語言恭維別人，甚至把贊美和恭維做為一種處世的手段與習慣。

善於發揮屬下智慧的季辛吉

季辛吉作為美國國務卿，他所擔當的職位在猶太人當中是不多的（其後只有美國歷史上第一位女國務卿歐布萊特），而且，他在國務卿任上，做出了許多讓世人矚目的成就，其中包括突破重重阻礙與中國建立外交關系。季辛吉在外交事務上的老練和成熟，讓眾多老資格的外交官贊嘆不已，他的外交風格甚至被人們認做帶有獨一無二的特點。但是，季辛吉的成功不光在於他的聰明睿智，還在於他善於利用別人的智慧，調動大家的作用，來為一個共同的目標服務。他的秘訣是，要授權，要讓大家都能夠參與到決策中來，這樣才能將大家擰到一起，使每個人都感覺到自己的重要性。所謂授權，就等於凝聚大家的一種磁力。

在面臨重要外交事務的時候，季辛吉的做法是，先將它交給負責這方面事務的工作人員，讓他們先提出自己的意見和看法。在很多時候，整個的議案或方案乾脆就由屬下來做。當然，做出之後，不是馬上就形成決議，他還會反覆讓眾人討論，這樣盡力使之達到完美。屬下的作用被上司看重，他們就會有一種榮譽感和成就感，自然也就會形成對部門或單位的向心力。

所以，授權的藝術，其實就是凝聚的藝術，大家會自動地圍繞一個核心、一個目標努力向前。有的企業由於不懂得授權，結果老總自己累得半死，而員工們卻無事人一樣，因為他們感覺得不到領導的信任和重視，因此就不會把這裡當作自己的家。而有些企業善於做好這類工作，員工們在一起都會有一種親切感，他們甚至會把領導當作家長一樣看待。

猶太人的民族凝聚力很強，這一點舉世公認，正因為此，他們才能夠在那麼長久、那麼艱難困苦的條件下，始終不渝地堅守著自己民族的特性，並使民族力量不斷發展。

猶太人的聚合力，來自民族的信仰

猶太人自命為「上帝的選民」，意思是上帝單單挑選猶太人代表整個人類和他簽約。所以，盡管猶太人在歷史上受盡了苦難和欺凌，但他們始終對自己的信仰抱著十分崇敬和虔信的態度，也對自己的民族有一種近乎狂熱的優越感。生存現狀的嚴酷，造成了猶太人深深的自卑感，而他們的文化和歷史卻使他們的精神具有超越感。為了擺脫自卑和壓抑，他們只能通過兩種渠道：一是拼命付出努力，取得在社會和國家中的經濟地位，一是借助宗教，讓自己的靈魂凌駕於別的民族之上。而這二者的確相輔相成，互為表裡，幫助猶太人戰勝困厄，走出困境。《塔木德》有一段話：

> 神在開始的時候，為什麼僅僅創造一個人呢？這是為了防止任何人說他自己的血統優於別人的血統。因為如果當初只造出一個人，那麼溯

源而上，每個人都會覺得大家都是來自同一個祖先，所以，也就不會有這一個民族比那一個民族更優越的說法了。因為實際上，大家都是從同一個亞當繁衍下來的。

有人說，猶太人的這個觀念說明他們很早就具有世界的眼光，把普天之下的人都看做一家人，其實並非如此。《塔木德》形成的時代，人類還不知道地球是圓的，也不知道除了自己所曾達到過的地方還有別的大洲存在，更不知道世界上會有多少個民族。所以我認為，古代猶太人的這種觀念其實僅是針對本民族的人說的。雖然《塔木德》中那段話講的是「這一個民族和那一個民族」，我以為不如把它看做是指的「部族」更為恰當，因為猶太民族最早正是由眾多不同部族組成的。眾多不同的部族在開始的時候當然會形成相互的競爭和傾軋（排擠效應、勾心鬥角之意），只是到後來，他們面對共同的利益的時候，或者說面對各自都無法應對的強大的敵人的時候，才逐漸形成了一種健康有益的內聚力。

因此，與其說「亞當是人類共同的祖先」，不如說「亞當是猶太人的共同祖先」來得更準確和切合歷史實際，因為別的民族並不信奉耶和華，也不知道什麼亞當。猶太人始終堅持這一說法，也正表明他們把自己的歷史和宗教放在至高無上的地位來看待的意識。

有一個故事，可以說充分表達出猶太人的這種強烈心理。

有一艘大船，載著來自世界各個國家的游客在海上航行。突然，海上起了暴風雨，所有的人立刻陷於驚恐之中。大家紛紛祈禱，希望自己所信奉的神能保佑自己的平安。這時，船上的一個猶太人在一旁冷眼看著大家的舉動，不露聲色。可是大家的祈禱一點作用也沒有，暴風雨卻越來越厲害了，眾人束手無策，都眼巴巴看著猶太人，不知他有沒有辦法。

於是，猶太人開始祈禱了。不一會兒，暴風雨停了下來，船仍然順利地航行著，安全回到了海港。死裡逃生、心有餘悸的人們都來詢問猶太人：

「為什麼你一祈禱，暴風雨就停了呢？」

猶太人是怎麼回答的呢？

「我也不是很清楚。不過各位向各自的神祈禱，那些神主管的都不過是一方土地，而海卻不屬於任何土地，所以你們的祈禱沒有用處。我們的神或許是主管整個宇宙的，所以他才聽從了我在海上的祈願吧。」他說。

這句話好像帶了點猖狂，卻真實地透露了猶太民族的信仰意識。

國家圖書館出版品預行編目資料

猶太人不藏私的智慧，褚兢編，
初版-- 新北市：新視野 New Vision，2020.7
面；　公分 --
ISBN 978-986-99105-2-1（平裝）
1.猶太民族　2.民族文化

536.87　　109006814

猶太人不藏私的智慧

作　　者　褚兢
出　　版　新視野 New Vision
製　　作　新潮社文化事業有限公司
電話：(02) 8666-5711
傳真：(02) 8666-5833
E-mail：service@xcsbook.com.tw

印前作業　菩薩蠻有限公司
印前作業　福霖印刷有限公司

總 經 銷　聯合發行股份有限公司
新北市新店區寶橋路 235 巷 6 弄 6 號 2F
電話 02-2917-8022
傳真 02-2915-6275

初版一刷　2020 年 8 月